Das große Glutenfreie Kochbuch

Mit 150 leckeren und gesunden Rezepten für eine glutenfreie Ernährung ohne Weizen, Dinkel und Co. inkl.14 Tage Ernährungsplan + Ernährungsratgeber

Dagmar Schneider

1. Auflage

2021

Inhaltsverzeichnis

Einleitung/Danksagung

Gluten ist seit einigen Jahren in aller Munde. So werden die Produkte, welche im Supermarkt mit „glutenfrei“ gekennzeichnet sind, immer zahlreicher. Viele Personen greifen vermehrt zu diesen glutenfreien Produkten, weil häufig suggeriert wird, dass Lebensmittel, welche kein Gluten enthalten, gesünder sind. Dabei sind Unverträglichkeiten gegen Gluten, Laktose und Fructose keine Modeerscheinungen, sondern ernst zu nehmende Krankheiten. Und gesunde Menschen brauchen keineswegs auf Gluten zu verzichten.

Aus diesem Grund gibt es in diesem Kochbuch nicht nur 150 leckere, glutenfreie Rezepte, sondern zudem ausführliche Informationen rund um das Thema „Gluten“. Du erfährst nicht nur, was eine Glutenunverträglichkeit überhaupt ist, sondern erhältst auch Infos zu den verschiedenen Formen davon, wie du erkennen kannst, ob du an einer Glutenunverträglichkeit leidest, und wie nach der Diagnose weiter vorgegangen wird. Ganz wichtig ist auch zu erfahren, ob eine Glutenunverträglichkeit heilbar ist, oder ob man zumindest etwas unternehmen kann, um die Beschwerden zu mindern und gegen die häufig resultierenden Mangelerscheinungen vorzugehen.

Damit du auch selbst leckere, glutenfreie Rezepte kreieren kannst, erfährst du außerdem, welche Lebensmittel bei einer Glutenunverträglichkeit absolut tabu sind, und auf welche Nahrungsmittel du stattdessen zurückgreifen kannst. Schließlich gibt es heutzutage eine so große Produktpalette, dass man auch mit einer Glutenunverträglichkeit keine großen Abstriche bei der Ernährung machen muss. Nach einer Eingewöhnungsphase, in welcher man sich mit den glutenfreien Alternativprodukten vertraut macht, und zudem herausfindet, in welchen verarbeiteten Lebensmitteln Gluten enthalten ist, ist ein glutenfreies Leben keine allzu große Bürde mehr.

Um dir den Start in die glutenfreie Ernährung zu erleichtern, erhältst du in diesem Buch nicht nur wertvolle Tipps für den Alltag, sondern zudem einen 14-Tage Ernährungsplan, damit du die ersten zwei Wochen unbedenklich glutenfrei schlemmen kannst.

Also vielen Dank für den Kauf dieses Kochbuches zum Thema „Glutenfreie Ernährung“ und viel Spaß beim Lesen der Themen zu Gluten sowie beim Durchstöbern der leckeren Rezepte!

Über den Autor

Die Autorin Dagmar Schneider hatte vor einigen Jahren lange Zeit mit starken Verdauungsproblemen zu kämpfen, ohne der Ursache auf den Grund zu gehen. Schließlich waren damals die verschiedenen Unverträglichkeiten noch nicht in aller Munde. Als sie dann schließlich vom Arzt die Diagnose „Glutenunverträglichkeit“, genauer „Zöliakie“, erhielt, war dies anfangs ein großer Schock. Denn Dagmar Schneider dachte, dass sie sich von nun an in seiner Ernährung extrem einschränken muss und ihre heißgeliebten Brötchen, Nudeln und Kuchen ein absolutes Tabu sein werden.

Als sie sich dann aber ausgiebiger mit dem Thema beschäftigte, bemerkte sie, dass eine Glutenunverträglichkeit in Wirklichkeit gar keine so große Einschränkung im Leben bedeutet – solange man einige Punkte beachtet. Aus diesem Grund entschied sie sich dazu, dieses Buch zu verfassen, um anderen Personen, welche die gleiche Diagnose erhalten, die Angst vor der Krankheit zu nehmen, und um ihnen zu zeigen, dass sie dadurch keine Lebensqualität einbüßen müssen.

Stattdessen kann die Diagnose Glutenunverträglichkeit sogar etwas Positives haben: Denn dadurch setzen sich Betroffene intensiver damit auseinander, was sie essen, was insgesamt zu einem gesünderen und bewussteren Lebensstil führen kann.

Was ist Glutenunverträglichkeit?

Bei der Glutenunverträglichkeit, auch Zöliakie genannt, handelt es sich sowohl um eine Allergie wie auch um eine Autoimmunerkrankung des Dünndarms. Dabei führt eine Immunreaktion vom Darm dazu, dass eine chronische Entzündung entsteht. Im weiteren Verlauf führt dies zu Schäden an der Darmschleimhaut. Vor allem der Zwölffingerdarm ist davon betroffen. Menschen, welche an einer Glutenunverträglichkeit leiden, reagieren allergisch auf das sogenannte Klebereiweiß. Dieses ist in vielen gängigen Getreidearten zu finden. Dazu gehören zum Beispiel Roggen, Weizen, Dinkel und Gerste. Die schweren Folgen, welche eine Glutenunverträglichkeit bei Nichtbeachtung nach sich ziehen kann, führen dazu, dass man nach der Diagnose sein Leben lang auf glutenhaltige Lebensmittel verzichten sollte.

Doch was genau passiert eigentlich im Körper, wenn man unter einer Glutenunverträglichkeit leidet? Bei gesunden Menschen erfolgt die Nährstoffaufnahme über die sogenannten Darmzotten, welche sich im Dünndarm befinden. Dabei handelt es sich um Hautfältchen, durch welche die Fläche des Dünndarms vergrößert wird und somit die Nährstoffe leichter aufgenommen werden können. Nehmen nun Menschen, welche an einer Glutenunverträglichkeit leiden, Nahrungsmittel auf, welche Gluten enthalten, dann entzünden sich die im Darm befindlichen Schleimhäute. Dies hat zur Folge, dass sich die Darmzotten verkleinern und dadurch weniger Nährstoffe aufgenommen werden können. Dies zeigt schon die Folgen, wenn eine Glutenunverträglichkeit lange Zeit unerkannt bleibt: Die Nahrung kann dadurch schlechter als bei gesunden Menschen verstoffwechselt werden, was zu Mangelerscheinungen führt. Hinzu kommen eine Vielzahl an Symptomen, welche durch die Glutenunverträglichkeit sowie den Nährstoffmangel auftreten können. Doch das ist noch nicht alles: Die ständigen Entzündungen im Darm können schlimmstenfalls sogar zu Darmkrebs führen.

Wissenschaftler sind sich bis heute nicht ganz einig, wie es zu der Glutenunverträglichkeit kommt. Sicher ist allerdings, dass vor allem die Genetik dafür verantwortlich ist. Diese spielt auch eine Rolle dabei, wann die Krankheit ausbricht und wie die individuelle Ausprägung ist. Außerdem wird davon ausgegangen, dass auch die Funktionsfähigkeit des Immunsystems wie auch verschiedenste Umwelteinflüsse sowie die Ernährung eine Rolle dabei spielen, ob man an einer Glutenunverträglichkeit erkrankt oder nicht. Die Glutenunverträglichkeit tritt in vielen Fällen bereits im Kindesalter, zwischen dem ersten und achten Lebensjahr, auf. Außerdem entsteht sie besonders häufig zwischen dem 20. und 50. Lebensjahr. Grundsätzlich gilt allerdings, dass man in jedem Alter an einer Glutenunverträglichkeit erkranken kann.

Unterschied zwischen Weizenallergie und Zöliakie und Glutensensitivität?

Eine Glutenunverträglichkeit kann in verschiedenen Krankheitsformen auftreten. In den meisten Fällen wird die Glutenunverträglichkeit mit der Zöliakie, auch Sprue genannt, gleichgesetzt. Denn dabei handelt es sich um die am häufigsten vorkommende Form der Glutenunverträglichkeit, einer Kombination aus Glutenunverträglichkeit und Autoimmunerkrankung. Damit wird also eine Erkrankung bezeichnet, welche zur Folge hat, dass man sein Leben lang auf Gluten verzichten muss. Nur so kann man schwerwiegende Folgen der Krankheit abwenden. Nicht zu verwechseln ist die Zöliakie mit einer Weizenallergie sowie mit einer Glutensensitivität, welche auch beide zur Glutenunverträglichkeit gehören.

Bei der Weizenallergie reagiert der Körper allergisch auf die Aufnahme von Weizen, genauer auf die im Weizen enthaltenen Proteine. Es handelt sich hierbei also um keine Autoimmunerkrankung. Auch bei einer Weizenallergie kann Gluten die Ursache für die Beschwerden sein, es kommen allerdings auch noch zahlreiche weitere Proteine infrage. Aus diesem Grund muss bei einer Weizenallergie, anders als bei der Zöliakie, im Normalfall nicht komplett auf die Aufnahme von Gluten verzichtet werden, sondern nur auf bestimmte Getreidearten. Die Weizenallergie äußert sich häufig durch Quaddeln, Verdauungsbeschwerden, fließendem Schnupfen wie auch Husten.

Außerdem gibt es die Glutensensitivität, bei welcher es sich weder um eine Autoimmunerkrankung noch um eine Allergie handelt. Betroffene reagieren also einfach sensibel auf die Aufnahme von Nahrungsmitteln, welche Gluten enthalten, was sich in Darmbeschwerden äußert. Sehr häufig tritt diese Erkrankung zusammen mit dem Reizdarmsyndrom auf.

Symptome einer Glutenunverträglichkeit?

Verschiedenste Symptome können auf eine Glutenunverträglichkeit hindeuten. Weil die Beschwerden sehr vielfältig sein können, kommt es häufig vor, dass die Glutenunverträglichkeit erst recht spät erkannt wird.

Viele Symptome betreffen vorwiegend den Magen-Darm-Trakt. Dazu gehören vor allem Verstopfung, Durchfall, Bauchkrämpfe und Blähungen. Doch auch Darmblutungen können aus einer Glutenunverträglichkeit resultieren.

Allerdings gibt es noch weitere Symptome, welche auf den ersten Blick überhaupt nicht mit einer Glutenunverträglichkeit in Verbindung gebracht werden. Dazu gehören zum Beispiel Müdigkeit, allgemeines Unwohlsein, Abgeschlagenheit, Probleme mit der Haut, ein geschwächtes Immunsystem und Kopfschmerzen. Selbst depressive Verstimmungen können Folge einer Glutenunverträglichkeit sein. Auch Schleimhautentzündungen sowie Nachtblindheit können durch einen Vitaminmangel verursacht werden. Außerdem können auffällige Leber- wie auch Eisenwerte einen Hinweis auf die Glutenunverträglichkeit geben.

Diagnosemöglichkeiten der Zöliakie

Wie bereits erklärt handelt es sich bei Zöliakie um eine Glutenunverträglichkeit, welche bereits bei Kleinkindern auftreten kann. Dies ist meist nach dem sechsten Lebensmonat der Fall, wenn damit begonnen wird, Getreide zuzufüttern. Die Zöliakie äußert sich bei Kindern meist durch Gedeihstörungen, einem Blähbauch sowie Durchfällen. Bei Erwachsenen sind die Symptome meist nicht so eindeutig und äußern sich in vielen Fällen nicht in den typischen Verdauungsbeschwerden, was die Diagnose erschwert.

Bei Verdacht auf Zöliakie sollte ein Facharzt aufgesucht werden, welcher andere Ursachen ausschließen und eine eindeutige Diagnose aufstellen kann. Dazu wird eine Blutprobe entnommen, welche auf Antikörper gegen Gluten sowie das Enzym Transglutaminase wie auch das Bindegewebe Endomysium untersucht wird. Falls die Tests positiv ausfallen, werden sie üblicherweise zu einem späteren Zeitpunkt wiederholt, um Verfälschungen und Fehldiagnosen auszuschließen.

Im nächsten Schritt wird häufig eine Darmbiopsie in Form einer Magen-Darm-Spiegelung durchgeführt. Durch die Entnahme einer Gewebeprobe der Dünndarmschleimhaut können Veränderungen der Schleimhäute im Dünndarm festgestellt werden. Dies ist auch der wichtigste Hinweis auf die Zöliakie, weshalb mit der Gewebeprobe die Diagnose gesichert wird.

Bei der Zöliakie handelt es sich um eine Erkrankung, welche vererbbar ist. Aus diesem Grund ist auch ein Gespräch, bei welchem auf die Familiengeschichte eingegangen ist, ein wichtiger Bestandteil zur Diagnose der Erkrankung. So wird manchmal zur Diagnose auch auf einen Gentest zurückgegriffen, da bestimmte Gene die Diagnose Zöliakie sichern können.

Diagnose Zöliakie! Was sind die ersten Schritte?

Hast du von deinem Arzt die Diagnose Zöliakie erhalten, dann ist der erste Schritt, vollständig auf eine glutenfreie Ernährung umzustellen. Auf diesem Weg kann auch überprüft werden, ob die Diagnose wirklich zutrifft. Denn wenn sich die Beschwerden infolge des Verzichts der Aufnahme von Gluten bessern, dann gilt die Diagnose Zöliakie als gesichert.

Das Gleiche gilt allerdings auch, wenn die Antikörper-Tests keinen Hinweis auf Zöliakie gezeigt haben und negativ ausgefallen sind. Denn deuten die Symptome dennoch auf eine Glutenunverträglichkeit hin, dann kann anstatt der Zöliakie auch einfach eine Glutensensitivität vorliegen. Auch dies lässt sich herausfinden, indem zunächst auf glutenhaltige Lebensmittel komplett verzichtet wird.

Viele Personen begehen allerdings den Fehler, dass sie einfach nur aufgrund einer Vermutung damit aufhören, Gluten zu essen. Der Verzicht auf Gluten sollte immer mit dem behandelnden Arzt abgesprochen werden. Denn wenn man zu früh Gluten vom Speiseplan streicht, erschwert dies letztendlich die eindeutige Diagnose.

Wurde bei dir zwar eine Zöliakie eindeutig diagnostiziert, aber du leidest an keinerlei Symptomen? Dann solltest du dennoch unbedingt auf die Aufnahme von Gluten verzichten. Denn ansonsten riskierst du schwere gesundheitliche Probleme, welche aus dem Nährstoffmangel, welcher durch die Aufnahme von Gluten entsteht, resultieren. Ganz zu schweigen von dem erhöhten Darmkrebsrisiko.

Ist die Glutenintoleranz heilbar?

Die Glutenintoleranz ist leider nicht heilbar. Das bedeutet, dass man bei einer Glutenunverträglichkeit ein Leben lang eine strikte glutenfreie Ernährung einhalten muss. Denn ansonsten kann die Darmschleimhaut schwere Schäden davontragen.

Sieht man die Sache nicht so streng und vertritt die Meinung, dass hin und wieder etwas Gluten schon nicht schaden wird, begeht einen großen Fehler. Denn isst man weiterhin Gluten, auch wenn es nur in sehr geringen Mengen ist, dann zerstört man schlimmstenfalls die Darmzotten, Zottenatrophie genannt. Daraus können schwere Folgeerkrankungen resultieren.

Wird durch den behandelnden Arzt festgestellt, dass es bereits zu einer Schädigung der Darmzotten gekommen ist, dann ist dies – solange sie nicht vollständig zerstört sind – kein Grund zur Verzweiflung. Denn hält man sich von nun an strikt an die glutenfreie Diät, dann kann sich die Schädigung bestenfalls wieder komplett zurückbilden, wodurch auch Folgeschäden vermieden werden können.

Auch zu beachten gilt, dass eine Glutenunverträglichkeit weitere schwere Folgen nach sich ziehen kann. So entwickelt sich bei einigen Betroffenen auch noch eine Fruktoseintoleranz oder eine Laktoseintoleranz. Dies ist allerdings in den meisten Fällen umkehrbar – denn wenn sich der Zustand des Darms infolge des Verzichts auf Gluten bessert, verschwinden meist auch andere Unverträglichkeiten wieder.

Welche Lebensmittel sind nicht erlaubt?

Gluten ist in einer Vielzahl an Getreidesorten enthalten. Dazu gehören:

- Dinkel
- Roggen
- Weizen
- Hafer
- Grünkern
- Gerste
- Urkorn
- Wildreis
- Ein- und Zweikorn
- Triticale
- Kamut

Leidest du an einer Glutenunverträglichkeit, dann gilt es also, all diese Getreidesorten strikt vom Ernährungsplan zu streichen.

Doch es gibt noch mehr Getreideprodukte, bei welchen du vorsichtig sein solltest. So besteht Couscous in den meisten Fällen aus Gerste oder Hartweizen, und Bulgur aus gebrochenem Weizen. Ein Blick auf die Inhaltsangabe ist hier hilfreich.

Außerdem gibt es zahlreiche verarbeitete Lebensmittel, in welchen Gluten verarbeitet wurde. Ein genauer Blick auf die Inhaltsangaben gibt einen Aufschluss darüber, ob das jeweilige Lebensmittel erlaubt ist oder nicht.

Welche Lebensmittel sind erlaubt?

Die gute Nachricht ist, dass bei einer Glutenunverträglichkeit nicht alle Getreidesorten gemieden werden müssen. So sollten einige Getreidesorten als hochwertige und gut verdauliche Kohlenhydratquellen durchaus regelmäßig auf dem Speiseplan landen.

Dazu gehören zum Beispiel Mais, Amaranth, Quinoa, Hirse, Reis, Wildreis und Buchweizen. Doch noch weitere Lebensmittel liefern hochwertige Kohlenhydrate und bereiten bei einer Glutenunverträglichkeit keinerlei Probleme, wie beispielsweise Samen, Nüsse, Soja und Hülsenfrüchte.

Bei den verbotenen Lebensmitteln wurde auch Hafer aufgezählt. Grundsätzlich ist Hafer glutenfrei, dennoch ist es strittig, ob bei einer Zöliakie Hafer und Haferflocken verzehrt werden dürfen. Denn Hafer wird meist auf Flächen angebaut, auf welchen zuvor glutenhaltiges Getreide gewachsen wird, wodurch die Möglichkeit besteht, dass der Hafer mit etwas Gluten verunreinigt wurde. Fällt es dir schwer, auf Haferflocken zu verzichten, solltest du zu einem Produkt greifen, welches als sicher glutenfrei ausgezeichnet ist, denn dann mussten bei der Produktion strenge Richtlinien eingehalten werden.

Grundsätzlich gilt, dass es heutzutage eine sehr große Auswahl an glutenfreien Getreideprodukten gibt. Aus diesem Grund müssen Personen, welche unter einer Glutenunverträglichkeit leiden, mit keinen enormen Einschränkungen zu leben. Wichtig ist lediglich, sich genau damit auseinanderzusetzen, welche Produkte unbedingt gemieden werden müssen.

Darmgesundheit fördern

Durch das Essen von Gluten, obwohl eine Glutenunverträglichkeit vorliegt, hat der Darm mehr oder weniger Schaden davongetragen. Darum ist es wichtig, nun auch etwas für die Darmgesundheit zu tun. Deine Darmgesundheit kannst du schon mit wenig Aufwand fördern:

- Achte darauf, viel Obst und Gemüse zu essen
- Verzichte weitestgehend auf Fett, Zucker und Alkohol
- Trinke mindestens zwei Liter Wasser am Tag
- Deine Nahrung sollte möglichst frei von Konservierungsmitteln sein
- Achte auf ausreichend Bewegung an der frischen Luft
- Versuche, Stress möglichst zu vermeiden
- Nimm nicht unnötigerweise Medikamente ein – auch auf Abführmittel sollte dringend verzichtet werden
- Achte auf ausreichend Schlaf
- Gewöhne dir an, jeden Tag aktive Darmbakterien zu dir zu nehmen

Therapie Mangelerscheinungen

Mangelerscheinungen treten in der Regel nur auf, solange die Glutenunverträglichkeit unerkannt und der Darm entzündet ist, da dann die nötigen Nährstoffe nicht aufgenommen werden können. Hat sich der Darm wieder erholt, können im Normalfall auch die Nährstoffe wieder aufgenommen werden. Um die Mangelerscheinungen dann möglichst schnell wieder beheben zu können, ist es vor allem wichtig, auf eine energie- und abwechslungsreiche Ernährung zu achten.

Damit du genau weißt, an welchen Nährstoffen bei dir ein Mangel vorliegt, empfiehlt sich, dass du bei deinem Arzt einen Bluttest machen lässt, bei welchem Mangelerscheinungen genau definiert werden können.

Leidest du unter einem Magnesiummangel, solltest du darauf achten, ausreichend magnesiumreiche Nahrungsmittel zu dir zu nehmen. Dazu gehören beispielsweise Spinat, Himbeeren, Bananen, Reis, Nüsse, Kichererbsen, Bohnen und Linsen. Bei einem Vitamin B12 Mangel ist es wichtig, viele tierische Lebensmittel zu essen, wie beispielsweise Lachs, Hering, Makrele, Rindfleisch, Schweinefleisch sowie Milchprodukte. Bei einer vegetarischen oder veganen Ernährung empfiehlt es sich, auf Nahrungsergänzungsmittel zurückzugreifen – das Gleiche gilt auch für alle anderen B-Vitamine. Auch ein Eisenmangel kommt häufig vor. Eisen ist vor allem in Fleisch enthalten, doch auch in Pistazien, Leinsamen, Hülsenfrüchten und Kürbiskernen findet man viel Eisen. Am besten kombiniert man die Aufnahme von Eisen mit Vitamin C, damit das Eisen besser vom Körper aufgenommen werden kann.

Tipps für den Alltag

Auch wenn man unter einer Glutenunverträglichkeit leidet, schließt dies eine ausgewogene Ernährung keinesfalls aus. So gibt es unzählige Ersatzprodukte, mit welchen man glutenhaltige Produkte ersetzen kann. Denn auch bei einer Glutenunverträglichkeit sollte die Ernährung möglichst abwechslungsreich, ausgeglichen und vollwertig sein.

Die EU-Verbraucherinformationsverordnung gibt vor, dass glutenhaltiges Getreide wie auch Erzeugnisse, welche daraus hergestellt werden, gekennzeichnet werden müssen. So werden sie zum Beispiel in der Zutatenliste durch eine spezielle Hintergrundfarbe oder Schriftart hervorgehoben und sind dadurch für den Verbraucher schnell als glutenhaltige Produkte zu erkennen.

Denn das Problem liegt darin, dass Gluten nicht nur in Getreide, wo es offensichtlich ist, enthalten ist, sondern in einer Vielzahl an weiteren Produkten. Denn Getreide beziehungsweise Gluten wird häufig als Trägermittel oder Zusatz eingesetzt, in Lebensmitteln, bei welchen man nie auf die Idee kommen würde, dass dort Getreide enthalten sein könnte.

Aus diesem Grund ist es anfangs unter Umständen relativ aufwendig, Produkte zu finden, welche kein Gluten enthalten. Schließlich muss vor dem Kauf eines jeden verarbeiteten Lebensmittels ein genauer Blick auf die Verpackung geworfen werden. Doch nach einer gewissen Zeit entsteht hier eine Routine – zum einen, weil man dann weiß, welche Produkte glutenfrei sind, und zum anderen, weil man ein Gefühl dafür bekommt, wo man nach dem Hinweis suchen muss.

Grundsätzlich kannst du dir allerdings, wenn bei dir eine Glutenunverträglichkeit diagnostiziert wurde, Folgendes merken:

Sei vorsichtig bei Teigwaren, Paniertem, Müsli, Knödel, Gebäck, Brot und Kuchen. In vielen davon sind glutenhaltige Getreidesorten enthalten.

Auch bei Milchprodukten ist Vorsicht geboten. Denn vor allem bei fettreduzierten Käse- und Milchzubereitungen wie auch bei Käsefondue ist in vielen Fällen Gluten enthalten. Auch Käse mit Kulturschimmel, wie beispielsweise Roquefortkäse und Blauschimmelkäse, enthält häufig Gluten.

Bei Fertigprodukten solltest du stets einen genauen Blick auf die Inhaltsangaben werfen. Ganz egal ob Fertiggerichte, Soßen oder Suppen, Gluten ist hier häufig zu finden.

Doch nicht nur Essen, sondern auch Getränke können versteckt Gluten enthalten. So findet man Gluten häufig in Getreide- und Malzkaffee, in Bier wie auch in aromatisierten Tees, da Gluten als Träger für Aromen eingesetzt wird.

Gerade die erste Zeit nach der Diagnose ist für viele Betroffene nicht einfach. Denn schnell stellt sich Frust ein, wenn man keine zufriedenstellenden Alternativen für so manche bisherige Lieblingsnahrungsmittel, welche nun leider nicht mehr verzehrt werden dürfen, findet. Dann empfiehlt sich, einen Termin bei einem Ernährungsberater zu vereinbaren. Denn dieser kann dir Alternativen aufzeigen, welche perfekt auf dich, deine Bedürfnisse und deine Vorlieben abgestimmt sind. Dadurch wird dir der Übergang zur glutenfreien Ernährung erheblich erleichtert.

14 Tage Ernährungsplan

Damit du problemlos in dein glutenfreies Leben starten kannst, findest du hier einen 14-tägigen Ernährungsplan, welcher dir leckere Vorschläge für dein Frühstück, Mittag- und Abendessen der nächsten zwei Wochen liefert.

	Frühstück	**Mittagessen**	**Abendessen**
Tag 1	Chia-Joghurt mit Clementinenpüree	Gefüllte Perlhuhnbrust auf rotem Sauerkraut	Quinoasalat
Tag 2	Gebackenes Oatmeal	Speck-Kartoffel-Spieße vom Grill	Süßkartoffel-Toast mit Roter Bete und Hummus
Tag 3	Pancakes mit Blaubeeren	Gulaschsuppe nach ungarischer Art	Garnelensalat mit Melonenspalten
Tag 4	Exotischer Früchtequark	Senf-Zitronen-Tofu mit Gurkengemüse	Geschmortes Kaninchen mit Rotwein
Tag 5	Porridge mit gerösteten Pflaumen	Risotto mit Radieschen und grünem Spargel	Lauch-Käse-Suppe mit Tofuwürfeln
Tag 6	Keto Gewürz-Kakao	Süßer Hirseauflauf mit Clementinen	Gefüllte Avocado mit Erdbeer-Salsa
Tag 7	Vanillejoghurt mit Aprikosen	Chili con Carne mit Ofenkartoffeln	Gedünstetes Fischfilet auf Gemüsebett
Tag 8	Rucola-Schinken-Frittata	Canelloni aus Auberginen und Tofu	Steak vom Rind mit Pilzen und Karotten
Tag	Kokos-	Gegrillte Lachsspieße	Mandel-Milchreis

9	Porridge mit Heidelbeeren	mit Tomaten-Fenchel-Salsa	
Tag 10	Magic Shell Smoothie Bowl	Mango-Spinat-Gemüse mit Frühlingszwiebeln und Amaranth-Pops	Gegrillte Thai-Früchte mit Zitronengrasspieße n
Tag 11	Omelett mit Zwiebeln und Oliven	Goldbraun gebratene Jakobsmuscheln mit Zwiebel-Fenchel-Gemüse	Ofentomaten mit Kapern-Thunfisch-Creme und Blattsalaten
Tag 12	Ricotta-Pancakes mit Aprikosen	Zucchini-Kartoffel-Gratin	Gemüse-Carpaccio mit Limetten-Vinaigrette
Tag 13	Rührei mit Baby-Spinat	Schwarzwurzel-Risotto	Forellenfilets auf Salat mit Meerrettichcreme und Pellkartoffeln
Tag 14	Kaffee-Smoothie	Argentinisches Rinderfilet mit Gemüse und Pfifferlingen	Radieschen-Süßkartoffel-Pfanne mit Granatapfelkernen

Hinweis zu den Rezepten

Im Folgenden findest du nun 150 glutenfreie Rezepte. Dabei ist für jeden etwas dabei: Du erhältst nicht nur schmackhafte Inspirationen für dein Frühstück, sondern auch für dein Mittag- und Abendessen. Möchtest du dich vegan oder vegetarisch ernähren, wirst du hier auch fündig. Für den kleinen Hunger zwischendurch findest du zahlreiche Rezepte für Snacks und Aufstriche, und möchtest du mal ein mehrgängiges Menü für dich und deine Liebsten zaubern, findest du leckere Inspirationen für Suppen und Desserts. Glutenunverträglichkeit bedeutet nicht, dass man auf Backen verzichten muss. Dies wirst du spätestens dann erkennen, wenn du einen Blick auf die zahlreichen Rezepte für Brote, Brötchen, Kuchen und Torten wirfst.

Und nun kannst du auch schon loslegen und dich in deiner Küche nach Herzenslust austoben – Guten Appetit!

Frühstück

Nicht ohne Grund gilt für viele Personen das Frühstück als die wichtigste Mahlzeit des Tages. Denn nach einer langen Nacht benötigt der Körper Energie, um voller Power in den neuen Tag starten zu können. Und mit einem leckeren Frühstück gelingt dies gleich mit einer viel besseren Laune. Doch beim Frühstücken geht es nicht nur um die Nahrungsaufnahme, sondern auch um den mentalen Start in den neuen Tag. So nutzen viele Menschen das Frühstück dazu, die neuesten Nachrichten im Radio anzuhören oder in der Tageszeitung zu blättern.

Bei den folgenden Rezepten ist es ganz egal, ob du dir für die Zubereitung deines Frühstücks gerne etwas Zeit nimmst, oder alles innerhalb weniger Minuten zubereitet haben möchtest – auf den folgenden Seiten ist sicherlich etwas dabei, was deinen Erwartungen entspricht. Und das Beste: Alles komplett glutenfrei!

Porridge mit gerösteten Pflaumen

Fertig in: 35 Min

Portionen: 4

Nährwerte: Energie 435 kcal; Eiweiß 13 g; Fett 20 g; Kohlenhydrate 51 g

Zutaten:

- 45 g Haselnusskerne
- 140 g Hirse
- 800 ml Milch
- 300 g Pflaumen
- 2 TL Agavendicksaft
- 4 EL Ahornsirup
- 3 TL Zimt
- 4 TL Butter

Zubereitung:

1. In einem mittelgroßen Topf Zimt und Hirse vermischen. Milch unter ständigem Rühren dazugeben. Zum Kochen bringen und dann den Ahornsirup einrühren.
2. Bei kleiner Hitze die Hirse für 3-4 Min köcheln lassen, dabei ständig umrühren. Dann den Herd ausstellen, den Topf aber auf der heißen Herdplatte stehen lassen und für 10 Min nachquellen lassen. Dabei gelegentlich umrühren.
3. Inzwischen Pflaumen abwaschen, Kerne entfernen und in Viertel oder Achtel schneiden.
4. Butter in einer Pfanne erhitzen und Pflaumen mit dem Agavendicksaft hineingeben. Bei mittlerer Hitze für 5-8 Min köcheln lassen – solange, bis die Pflaumen weich sind. Dabei immer mal wieder umrühren.
5. Pfanne ohne Fett erhitzen und Haselnusskerne darin für 3 Min bei mittlerer Hitze anrösten.
6. Das Porridge auf Schälchen verteilen und mit den gerösteten Pflaumen und Haselnusskernen garnieren.

Magic Shell Smoothie Bowl

Fertig in: 7 Min

Portionen: 4

Nährwerte: Energie 261 kcal; Eiweiß 7 g; Fett 21 g; Kohlenhydrate 10 g

Zutaten:

- 100 ml Haferdrink
- 300 g Sojaquark
- 500 g TK-Erdbeeren
- 4 EL Kokosöl
- 2 EL Kakaopulver
- 1 EL Pistazien
- 1 EL Haselnusskerne
- 1 EL Erdnussmus

Zubereitung:

1. Kokosöl in einem Topf für 3-5 Min bei kleiner Hitze schmelzen lassen.
2. Währenddessen die TK-Erdbeeren, Nussmus, Haferdrink und Sojaquark in einem Standmixer zu einer cremigen Masse pürieren.
3. Pistazien und Haselnusskerne kleinhacken.
4. Das flüssige Kokosöl mit dem Kakaopulver zu einer glatten Masse verrühren.
5. Die Erdbeermasse auf Schalen verteilen und glatt streichen. Dann die Kokosölmasse darüber verteilen. Nun die Schälchen etwas schwenken, damit wieder eine glatte Oberfläche entsteht. Mit Pistazien und Haselnüssen garnieren.

Chia-Joghurt mit Clementinenpüree

Fertig in: 15 Min

Portionen: 2

Nährwerte: Energie 446 kcal; Eiweiß 14 g; Fett 23 g; Kohlenhydrate 44 g

Zutaten:

- 30 g Zartbitterschokolade
- 1 Banane
- 2 Clementinen
- 20 g Chiasamen
- 30 g Haselnüsse
- 300 g laktosefreier Joghurt
- 5 g Amaranth-Pops
- 1 TL Vollrohrzucker
- 1 Msp. Zimt

Zubereitung:

1. Zucker, Chiasamen und Joghurt vermischen.
2. Clementinen in Filets teilen und zusammen mit der Banane in einen Standmixer geben. Zimt dazugeben und zu einer feinen Masse pürieren.
3. Haselnüsse und Zartbitterschokolade kleinhacken.
4. Abwechselnd Chia-Joghurt-Mischung und Fruchtpüree in Gläser schichten. Darauf achten, dass mit einer Püreeschicht geendet wird. Mit Haselnüssen, Schokolade und gepufftem Amaranth garnieren.

Kaffee-Smoothie

Fertig in: 5 Min

Portionen: 2

Nährwerte: Energie 495 kcal; Eiweiß 10 g; Fett 34 g; Kohlenhydrate 37 g

Zutaten:

- 250 ml Kokoswasser
- 2 gefrorene Bananen
- 50 ml Espresso
- 2 EL Kakaopulver
- 2 EL Chiasamen

Zubereitung:

1. Alle Zutaten in einem Standmixer zu einer gleichmäßigen Masse pürieren.
2. Nun den Kaffee-Smoothie auf zwei Gläser verteilen und genießen, solange er noch kalt ist.

Vanillejoghurt mit Aprikosen

Fertig in: 15 Min

Portionen: 2

Nährwerte: Energie 145 kcal; Eiweiß 5 g; Fett 7 g; Kohlenhydrate 13 g

Zutaten:

- 4 Heidelbeeren
- 4 Bananenscheiben
- 2 Aprikosen
- 4 rote Weintrauben
- 250 g Joghurt
- 1 Msp. Vanillepulver
- 1 TL Leinöl

Zubereitung:

1. Leinöl, Vanillepulver und Joghurt vermischen und auf Schälchen verteilen.
2. Die Aprikosen in Hälften schneiden und Steine entfernen, das Fruchtfleisch klein würfeln. Aprikosenwürfel, Heidelbeeren, Bananenscheiben und Weintrauben auf dem Vanillejoghurt anrichten.

Ricotta-Pancakes mit Aprikosen

Fertig in: 15 Min

Portionen: 1

Nährwerte: Energie 499 kcal; Eiweiß 19 g; Fett 23 g; Kohlenhydrate 52 g

Zutaten:

- 40 g Buchweizenmehl
- 80 g Ricotta
- 1 Ei
- 2 Aprikosen
- 3 EL Joghurt
- 1 TL Honig
- ½ TL Backpulver
- 1 TL Kokosöl
- 3 EL Zitronensaft
- 1 Stiel Minze

Zubereitung:

1. Honig, Zitronensaft, Ei und Ricotta zu einer glatten Masse verrühren. Dann Backpulver und Buchweizenmehl hinzufügen und zu einem Teig verkneten.
2. Pfanne mit Kokosöl erhitzen. Je 1 EL des Teigs in die Pfanne geben und für 1 Min bei mittlerer Hitze backen. Dann wenden und von der anderen Seite backen. So entstehen etwa 5 Pancakes.
3. Währenddessen den Joghurt cremig rühren. Aprikosen in Spalten schneiden. Minzblätter abzupfen.
4. Die Pancakes auf einem Teller stapeln. Aprikosenspalten und Joghurt darauf verteilen und mit Minze garnieren.

Gebackenes Oatmeal

Fertig in: 30 Min

Portionen: 6

Nährwerte: Energie 247 kcal; Eiweiß 8 g; Fett 12 g; Kohlenhydrate 27 g

Zutaten:

- 200 g Beeren
- 50 g Walnüsse
- 200 g Haferflocken
- 200 g Kokosjoghurt
- 5 g Kokosöl
- 180 ml Haferdrink
- 1 Vanilleschote
- 1 EL Vollrohrzucker
- 1 Prise Salz

Zubereitung:

1. Haferflocken in eine Schüssel geben. 400 ml Wasser zum Kochen bringen und damit die Haferflocken übergießen. Salz dazugeben, vermischen und für 10 Min zum Quellen beiseitestellen.
2. Walnüsse kleinhacken, Mark aus der Vanilleschote auskratzen. Nach den 10 Min beides zusammen mit den Beeren und der Hafermilch zu den Haferflocken mischen.
3. Kokosöl schmelzen und eine Auflaufform damit einfetten. Die Masse in der Auflaufform verteilen und den Vollrohrzucker darüber verteilen.
4. Backofen auf 180 °C Ober-/ Unterhitze (Umluft 160 °C; Gas: Stufe 2-3) vorheizen und das Oatmeal darin für 20-25 Min backen. Am besten servieren wenn es noch heiß ist.

Exotischer Früchtequark

Fertig in: 15 Min

Portionen: 2

Nährwerte: Energie 490 kcal; Eiweiß 35 g; Fett 27 g; Kohlenhydrate 28 g

Zutaten:

- 1 Kaki
- 1 Sternfrucht
- 100 ml Kokosmilch
- 500 g Quark
- 1 EL Honig
- 2 TL Leinsamen

Zubereitung:

1. Kokosmilch, Honig und Quark zu einer glatten Masse verrühren.
2. Sternfrucht dünn in Scheiben schneiden. Kaki würfeln.
3. Die halbe Menge der Kaki zum Quark mischen. Den Quark auf Schälchen verteilen. Mit den übrigen Kaki, Leinsamen und den Sternfruchtscheiben garnieren.

Pancakes mit Blaubeeren

Fertig in: 50 Min

Portionen: 4

Nährwerte: Energie 399 kcal; Eiweiß 9 g; Fett 8 g; Kohlenhydrate 76 g

Zutaten:

- 300 g Blaubeeren
- 250 g Buchweizenmehl
- 150 g Kokosjoghurt
- 300 ml Haferdrink
- 3 EL Reissirup
- 2 TL Backpulver
- 2 EL Ahornsirup
- 2 EL Rapsöl
- 1 Prise Salz

Zubereitung:

1. Reissirup, Kokosjoghurt, Haferdrink und Salz vermischen.
2. Buchweizenmehl und Backpulver ebenfalls vermischen und dann zur Joghurtmischung geben. Zu einem Teig verkneten und für etwa 30 Min ruhen lassen.
3. Dann in eine Pfanne Öl erhitzen und für jeden Pancake 2 EL Teig hineingeben. Gleich mit Blaubeeren bestreuen. Bei mittlerer Hitze beidseitig je 1-2 Min braten bis sie eine goldbraune Farbe haben. So vorgehen, bis der gesamte Teig verbraucht ist.
4. Die Pancakes auf Tellern stapeln und mit den übrigen Blaubeeren bestreuen. Zuletzt mit Ahornsirup beträufeln.

Rührei mit Baby-Spinat

Fertig in: 15 Min

Portionen: 4

Nährwerte: Energie 149 kcal; Eiweiß 11 g; Fett 11 g; Kohlenhydrate 2 g

Zutaten:

- 70 g Baby-Spinat
- 6 Eier
- 1 EL Butter
- 3 EL Milch
- 1 Prise Muskat
- Salz
- Pfeffer

Zubereitung:

1. Milch und Eier in eine Schüssel geben und miteinander verquirlen. Mit Muskat, Salz und Pfeffer würzen.
2. Butter in einer Pfanne zerlassen. Die Eimischung hineingeben. Mithilfe eines Pfannenwenders das Ei immer wieder von außen nach innen schieben und stocken lassen.
3. Inzwischen Spinat putzen und fein in Streifen schneiden. Zum Rührei mischen.

Rucola-Schinken-Frittata

Fertig in: 35 Min

Portionen: 4

Nährwerte: Energie 305 kcal; Eiweiß 21 g; Fett 22 g; Kohlenhydrate 5 g

Zutaten:

- 50 g saure Sahne
- 200 ml Milch
- 10 Eier
- 80 g Rucola
- 90 g roher Schinken
- 20 g Parmesan
- 5 g Butter
- Salz
- Pfeffer

Zubereitung:

1. Parmesan reiben und 1 TL davon auf die Seite stellen. Schinkenscheiben in Viertel schneiden.
2. Milch und Eier verquirlen und salzen und pfeffern. Dann Parmesan und saure Sahne dazugeben.
3. Eine große, ofenfeste Pfanne erhitzen und Butter darin schmelzen lassen. 1/3 der Eiermischung in die Pfanne geben und die halbe Menge des Rucola und Schinken darauf verteilen. 1/3 der Eiermischung darauf verteilen und mit dem restlichen Rucola und Schinken belegen. Dann die übrige Eiermischung darauf verteilen.
4. Backofen auf 200 °C Ober-/ Unterhitze (Umluft 180 °C; Gas: Stufe 3) vorheizen. Die Pfanne hineingeben und das Frittata für 12-15 Min stocken lassen.
5. Frittata in Stücke schneiden und auf Teller geben, mit dem beiseitegestelltem Parmesan garnieren.

Omelett mit Zwiebeln und Oliven

Fertig in: 20 Min

Portionen: 4

Nährwerte: Energie 199 kcal; Eiweiß 11 g; Fett 16 g; Kohlenhydrate 3 g

Zutaten:

- 1 rote Zwiebel
- 5 Eier
- 5 EL Milch
- 2 EL Olivenöl
- 4 EL entsteinte Oliven
- 2 EL gehacktes Basilikum
- 2 EL geriebener Parmesan
- Salz
- Pfeffer

Zubereitung:

1. Basilikum, Parmesan, Milch, Eier, Salz und Pfeffer vermischen.
2. Zwiebel abschälen und fein in Streifen schneiden. Oliven kleinhacken.
3. In einer großen Pfanne Olivenöl erhitzen. Oliven und Zwiebeln hineingeben und sanft anbraten. Mit Salz und Pfeffer würzen.
4. Dann die Eiermasse dazugeben und darauf achten, dass sie gleichmäßig in der Pfanne verteilt ist. Langsam stocken lassen. Dann wenden und das Omelett auch von der anderen Seite stocken lassen. Einrollen und servieren.

Keto Gewürz-Kakao

Fertig in: 10 Min

Portionen: 4

Nährwerte: Energie 406 kcal; Eiweiß 5 g; Fett 41 g; Kohlenhydrate 5 g

Zutaten:

- 150 g Schlagsahne
- 400 ml Kokosmilch
- 2 EL Butter
- 30 g Kakaopulver
- Zimt
- Chiliflocken
- Pfeffer

Zubereitung:

1. Einen Topf erhitzen und Butter darin schmelzen lassen. Dann Chiliflocken und Pfeffer hineingeben und für 2-3 Min bei kleiner Hitze anbraten.
2. Nun Kakao, Zimt, Kokosmilch sowie 250 ml Wasser dazugeben. Mit einem Schneebesen vermischen und zum Kochen bringen.
3. Mithilfe eines Handmixers die Schlagsahne aufschlagen.
4. Den fertigen Kakao auf Tassen verteilen und mit der Schlagsahne garnieren.

Kokos-Porridge mit Heidelbeeren

Fertig in: 15 Min

Portionen: 2

Nährwerte: Energie 334 kcal; Eiweiß 14 g; Fett 27 g; Kohlenhydrate 8 g

Zutaten:

- 40 g Heidelbeeren
- 300 ml Kokosmilch
- 4 EL Sojamehl
- 2 EL Kokoschips
- 2 EL geschälte Hanf-Samen
- 2 EL Butter
- 2 EL geschrotete Leinsamen
- 1 Prise Zimt

Zubereitung:

1. Kokosmilch, Sojamehl und Leinsamen in einem Topf aufkochen lassen. Falls nötig ein wenig Wasser dazugeben. Dann Butter hinzufügen und für 7-10 Min bei geringer Hitze köcheln lassen – solange, bis das Kokos-Porridge eine breiartige Konsistenz hat.
2. Auf Schälchen verteilen und mit Kokosflakes, Heidelbeeren und Hanfsamen garnieren.

Süßkartoffel Toast

Fertig in: 30 Min

Portionen: 3

Nährwerte: Energie 298 kcal; Eiweiß 6 g; Fett 11 g; Kohlenhydrate 42 g

Zutaten:

- ¼ Banane
- 1 mittelgroße Süßkartoffel
- ½ Limette
- ½ Avocado
- ½ Apfel
- 1 EL Erdnussbutter
- 1 TL Kürbiskerne
- 1 EL Frischkäse
- 1 TL gehackter Koriander
- Salz
- Pfeffer

Zubereitung:

1. Süßkartoffel schälen und längs in Scheiben von 5 mm Dicke schneiden (es sollte 3 Scheiben ergeben). In den Toaster geben und auf der höchsten Stufe gar toasten lassen (dauert 2-3 Runden).
2. Fruchtfleisch der Avocado fein in Spalten schneiden. Einen Süßkartoffeltoast damit belegen. Saft der Limette auspressen und damit die Avocadospalten beträufeln. Salzen und pfeffern und mit Koriander garnieren.
3. Einen anderen Süßkartoffeltoast mit Frischkäse bestreichen. Das Fruchtfleisch des Apfels in Scheiben schneiden und auf dem Frischkäse verteilen. Mit den Kürbiskernen garnieren.
4. Den dritten Süßkartoffeltoast mit Erdnussbutter bestreichen. Die Banane in Scheiben schneiden und auf der Erdnussbutter verteilen.

Quinoa-Getreidebrei mit Feigen und Beeren

Fertig in: 30 Min

Portionen: 4

Nährwerte: Energie 319 kcal; Eiweiß 11 g; Fett 8 g; Kohlenhydrate 50 g

Zutaten:

- 200 g gemischte Beeren
- 400 ml Milch
- 200 g Quinoa
- 4 getrocknete Feigen
- 1 EL Honig
- 1 EL Butter
- 1 Prise Salz

Zubereitung:

1. Quinoa in ein Sieb geben und abwaschen. Feigen in Hälften oder Viertel schneiden.
2. Milch in einen Topf geben und aufkochen, dann Salz und Butter dazugeben. Quinoa hineingeben und abdecken. Für 20 Min bei leichter Hitze ausquellen lassen, hin und wieder umrühren.
3. Honig zum fertigen Quinoa-Brei geben und auf Teller verteilen. Mit den Beeren garnieren.

Mittagessen

Kannst du dir vorstellen, auf das Mittagessen zu verzichten? Nein? Dann geht es dir so wie dem Großteil der Menschen. Denn nachdem man einige Stunden wach war, bekommt man in der Regel großen Hunger und benötigt dringend ein reichhaltiges Mittagessen. Dadurch kann man gestärkt in die zweite Hälfte des Tages starten.

Viele Personen bevorzugen ein reichhaltiges Mittagessen, um dann abends eher etwas Leichteres zu essen. Aus diesem Grund findest du hier zahlreiche Fleisch- und Fischgerichte, um ein schmackhaftes, glutenfreies Mittagessen zubereiten zu können.

Risotto mit Radieschen und grünem Spargel

Fertig in: 30 Min

Portionen: 2

Nährwerte: Energie 575 kcal; Eiweiß 21 g; Fett 20 g; Kohlenhydrate 76 g

Zutaten:

- 400 g grüner Spargel
- 60 g Parmesan
- 650 ml Gemüsebrühe
- 180 g Risottoreis
- ½ rote Zwiebel
- ½ Bund Dill
- ½ Bund Radieschen
- 1 Spritzer Zitronensaft
- 2 TL Kapern
- 2 EL Olivenöl
- Salz
- Pfeffer

Zubereitung:

1. Zwiebel in Streifen schneiden.
2. In einem Topf 1 EL Olivenöl erhitzen und Zwiebel sowie Risotto-Reis hineingeben. Bei mittlerer Hitze für 1 Min andünsten. Dann Kapern hinzufügen und mit ein wenig Gemüsebrühe ablöschen.
3. Nun für etwa 20 Min köcheln lassen. Dabei nach und nach die ganze Gemüsebrühe dazugeben und immer wieder umrühren. Der Reis sollte die Flüssigkeit komplett aufnehmen.
4. Den Parmesan reiben und die halbe Menge davon zum Risotto mischen. Mit Zitronensaft und Pfeffer würzen, abdecken und auf die Seite stellen.
5. Währenddessen Radieschen in Viertel schneiden. Die holzigen Enden vom Spargel abschneiden.
6. In einer Pfanne das übrige Öl erhitzen und das Gemüse hineingeben. Für 3 Min bei mittlerer Hitze anbraten. Dabei immer wieder umrühren. Mit Salz würzen.
7. Das Risotto auf Tellern anrichten und das Gemüse darauf verteilen. Dill kleinhacken. Das Risotto mit Dill und dem übrigen Parmesan garnieren.

Gegrillte Lachsspieße mit Tomaten-Fenchel-Salsa

Fertig in: 1 Std

Portionen: 4

Nährwerte: Energie 225 kcal; Eiweiß 19 g; Fett 14 g; Kohlenhydrate 4 g

Zutaten:

- 1 Knolle Fenchel
- 200 g sehr reife Tomaten
- 400 g Lachsfilet (ohne Haut)
- 2 Frühlingszwiebeln
- 1 getrocknete Chilischote
- 1 Limette
- 1 rote Chilischote
- 3 Stiele Koriander
- 3 EL Olivenöl
- Zucker
- Salz
- Pfeffer

Zubereitung:

1. Tomaten in Viertel schneiden und entkernen. In Würfel von 1 cm Größe schneiden. Frühlingszwiebeln in Ringe von ½ cm Dicke schneiden. Fenchel in Hälften schneiden und den Strunk entfernen. Die Knolle in kleine Würfel schneiden. Die Frische Chilischote in Hälften schneiden, Kerne entfernen und kleinhacken. Korianderblättchen kleinhacken. Saft der Limette auspressen.
2. Alle kleingeschnittenen Zutaten in eine Schüssel geben. Je 1 EL Öl und Zitronensaft dazugeben. Mit 1 Prise Zucker und Salz abschmecken.
3. Den Salat mindestens für 30 Min zum Ziehen in den Kühlschrank stellen.
4. Inzwischen das Lachsfilet in 12 Würfel zerschneiden. Die getrocknete Chilischote zerbröseln. Chilischote mit dem übrigen Öl und Pfeffer vermischen und auf dem Lachs verteilen. Für 15 Min zum Marinieren stehen lassen.
5. Nun die Lachswürfel ein wenig salzen und gleichmäßig auf 4 Holzspieße verteilen.
6. Eine Grillpfanne erhitzen und die Spieße von allen Seiten für 4-5 Min grillen. Zusammen mit der Salsa auf Tellern anrichten.

Speck-Kartoffel-Spieße vom Grill

Fertig in: 35 Min

Portionen: 4

Nährwerte: Energie 705 kcal; Eiweiß 12 g; Fett 45 g; Kohlenhydrate 61 g

Zutaten:

- 2 Frühlingszwiebeln
- 150 g Putenspeck in Scheiben
- 2 Zwiebeln
- 1 ½ kg gegarte, kleine Kartoffeln
- 2 EL Zitronensaft
- 4 EL Rapsöl
- Salz
- Pfeffer

Zubereitung:

1. Kartoffeln in Hälften schneiden. Zwiebeln in Viertel schneiden und dann in einzelne Scheiben teilen.
2. Kartoffeln, gefaltete Speckscheiben und Zwiebelscheiben abwechselnd auf lange Holzspieße stecken und mit Öl bepinseln. Salzen und pfeffern.
3. Auf den heißen Grill legen und für 15 Min garen, dabei immer wieder wenden.
4. Frühlingszwiebeln in Ringe schneiden. Mit Zitronensaft, dem übrigen Öl, Salz und Pfeffer vermischen.
5. Die fertigen Spieße mit der Vinaigrette beträufeln und servieren.

Chili con Carne mit Ofenkartoffeln

Fertig in: 1 Std 35 Min (Zubereitung 25 Min)

Portionen: 4

Nährwerte: Energie 710 kcal; Eiweiß 50 g; Fett 32 g; Kohlenhydrate 54 g

Zutaten:

- 1 Knoblauchzehe
- 1 Zwiebel
- 500 g festkochende Kartoffeln
- 500 ml Fleischbrühe
- 600 g Rinderhackfleisch
- 1 rote Chilischote
- 200 g weiße Bohnen (Dose)
- 200 g Kidneybohnen
- 400 g stückige Tomaten (Dose)
- 2 Stiele Koriandergrün
- 1 EL Tomatenmark
- 4 EL Olivenöl
- 1 TL Vollrohrzucker
- Gemahlener Kreuzkümmel
- Salz
- Pfeffer

Zubereitung:

1. Knoblauch und Zwiebel in kleine Würfel schneiden. Entkernte Chilischote kleinschneiden.
2. In einer tiefen Pfanne 2 EL Öl erhitzen und das Hackfleisch hineingeben. Unter Rühren krümelig anbraten. Sobald es leicht gebräunt ist, Knoblauch, Chili und Zwiebel dazugeben. Für 2-3 Min braten und dann das Tomatenmark einrühren.
3. Mit der Brühe ablöschen. Tomaten hineingeben, halb abdecken und bei kleiner Hitze für etwa 1 Std köcheln lassen. Je nach Bedarf immer wieder etwas Brühe dazugeben.
4. Kartoffeln abschälen und in Spalten schneiden. Auf einem Backblech verteilen und das übrige Öl darauf verteilen. Salzen und pfeffern.
5. Backofen auf 180 °C Ober-/ Unterhitze (Umluft 160 °C; Gas: Stufe 2-3) vorheizen und die Kartoffelspalten hineingeben. Für etwa 25 Min backen, dabei hin und wieder umdrehen.
6. Bohnen abtropfen lassen und circa 15 Min vor Ablauf der Garzeit zum Chili con Carne geben.
7. Vor dem Servieren mit Salz, Pfeffer, Zucker und Kreuzkümmel abschmecken. Korianderblätter abzupfen und das Chili damit garnieren. Mit den Ofenkartoffeln servieren.

Zucchini-Kartoffel-Gratin

Fertig in: 1 Std 10 Min (Zubereitung 30 Min)

Portionen: 16

Nährwerte: Energie 206 kcal; Eiweiß 7 g; Fett 10 g; Kohlenhydrate 22 g

Zutaten:

- 300 ml Schlagsahne
- 300 ml Milch
- 800 g Zucchini
- 2 kg Kartoffeln
- 2 Eier
- 2 Knoblauchzehen
- 70 g geriebener Parmesan
- 2 EL gehackter Thymian
- 1 EL Butter
- Muskat
- Salz
- Pfeffer

Zubereitung:

1. Abgeschälte Kartoffeln sowie die Zucchini in Scheiben schneiden.
2. Tarteform (30 cm Durchmesser) mit der Butter ausstreichen. Abwechseln die Zucchini- und Kartoffelscheiben hineinschichten. Jede Schicht etwas salzen und pfeffern.
3. Sahne, Milch, Eier, durchgepressten Knoblauch und Thymian vermischen und mit Muskat, Salz und Pfeffer würzen.
4. Sahne-Milch-Mischung über den Gratin gießen. Mit dem Parmesan bestreuen.
5. Backofen auf 200 °C Ober-/ Unterhitze (Umluft 180 °C; Gas: Stufe 3) vorheizen und den Gratin darin für 35-40 Min backen.

Gefüllte Rindfleischtaschen mit Paprika

Fertig in: 55 Min

Portionen: 4

Nährwerte: Energie 281 kcal; Eiweiß 45 g; Fett 8 g; Kohlenhydrate 5 g

Zutaten:

- 2 große Scheiben Hüftsteak
- 2 Frühlingszwiebeln
- 2 gelbe Paprikaschoten
- 4 TL mittelscharfer Senf
- 2 TL grüner Pfeffer (aus dem Glas)
- 1 EL Rapsöl
- Salz
- Pfeffer

Zubereitung:

1. Paprika in Hälften schneiden und putzen. Auf einem Backblech verteilen und für circa 10 Min in den Backofengrill geben – die Haut sollte dunkel geworden sein. Dann herausnehmen und für 10 Min mit einem angefeuchteten Küchentuch bedecken.
2. Währenddessen die Frühlingszwiebeln fein in Ringe schneiden. Mit dem grünen Pfeffer vermischen.
3. Haut der Paprika abziehen. Die Paprikahälften in Streifen schneiden und zu den Frühlingszwiebeln geben.
4. Die Hüftsteaks mit Salz und Pfeffer würzen und auf der einen Seite mit Senf bestreichen. Nun die Scheiben quer in Hälften schneiden und die Zwiebel-Paprika-Mischung auf dem Senf verteilen.
5. Die Fleischstücke zusammenklappen und mit Zahnstochern fixieren. Das Öl darauf streichen.
6. Die Fleischtaschen in einer Aluschale verteilen und von allen Seiten für etwa 8-10 Min auf dem Grill grillen.

Goldbraun gebratene Jakobsmuscheln mit Zwiebel-Fenchel-Gemüse

Fertig in: 20 Min

Portionen: 2

Nährwerte: Energie 290 kcal; Eiweiß 21 g; Fett 15 g; Kohlenhydrate 18 g

Zutaten:

- 50 ml Schlagsahne
- 6 Jakobsmuscheln
- 2 Knollen Fenchel
- 1 Zwiebel
- 1 Petersilienwurzel
- 1 EL Keimöl
- Salz
- Pfeffer

Zubereitung:

1. Zwiebel und Petersilienwurzel abschälen und mit einem Gemüsehobel dünn in Scheiben schneiden.
2. In einem Topf ½ EL Öl erhitzen und Zwiebel und Petersilienwurzel hineingeben. Abdecken und für 3 Min bei mittlerer Hitze dünsten.
3. Währenddessen Fenchelgrün auf die Seite legen und den Fenchel ebenfalls dünn zu Scheiben hobeln.
4. Den Fenchel mit in den Topf geben und mit Salz würzen. Mit 100 ml Wasser ablöschen, abdecken und bei mittlerer Hitze für 7 Min dünsten.
5. Inzwischen küchenfertige Jakobsmuscheln abwaschen und trockentopfen.
6. In einer Pfanne das übrige Öl erhitzen und die Jakobsmuscheln hineingeben. Beidseitig bei starker Hitze für kurze Zeit anbraten sowie salzen und pfeffern. Anschließend für etwa 2 Min bei kleiner Hitze braten. Dann abdecken, Herd ausschalten und die Muscheln für 1-2 Min ziehen lassen.
7. Nun die Sahne zum Gemüse hinzufügen und zum Kochen bringen. Salzen und pfeffern.
8. Die Jakobsmuscheln und das Gemüse auf Tellern anrichten und mit dem Fenchelgrün garnieren.

Argentinisches Rinderfilet mit Gemüse und Pfifferlingen

Fertig in: Fertig in 40 Min (Zubereitung 15 Min)

Portionen: 4

Nährwerte: Energie 303 kcal; Eiweiß 35 g; Fett 15 g; Kohlenhydrate 7 g

Zutaten:

- 2 Knoblauchzehen
- 150 g Pfifferlinge
- 250 g grüner Spargel
- 4 argentinische Rinderfiletsteaks (à 150 g)
- 250 g Baby-Karotten
- 2 EL Olivenöl
- 1 EL Butterschmalz
- 1 EL Pfefferkörner
- 1 TL Koriandersamen
- 1 Prise Vollrohrzucker
- Salz

Zubereitung:

1. Pfefferkörner und Koriandersamen zerstoßen. Auf den Steaks verteilen und diese zudem mit dem Salz würzen.
2. In einer großen Pfanne Butterschmalz erhitzen und die Rinderfilets hineingeben. Beidseitig bei starker Hitze anbraten.
3. Einen Teller vorwärmen und die Rindersteaks darauf geben.
4. Backofen auf 80 °C Ober-/ Unterhitze (Umluft 60 °C; Gas: Stufe 1) vorheizen und den Teller mit den Steaks für etwa 20 Minuten in den Backofen geben. Einmal wenden.
5. Spargel schälen und in Stücke von 2-3 cm Größe schneiden. Den Knoblauch andrücken.
6. In einer Pfanne Öl erhitzen und das Gemüse hineingeben. Anbraten. Mit etwas Zucker sowie Salz würzen, abdecken und für 5 Min gar dünsten.
7. Die Steaks aus dem Backofen nehmen und kurze Zeit ruhen lassen. Auf dem Gemüse anrichten.

Salbei-Seeteufel mit Linsengemüse

Fertig in: 45 Min (Zubereitung 20 Min)

Portionen: 4

Nährwerte: Energie 384 kcal; Eiweiß 43 g; Fett 12 g; Kohlenhydrate 24 g

Zutaten:

- 2 Seeteufelfilets (à 400 g)
- 2 Knoblauchzehen
- 2 rote Paprikaschoten
- 100 g Puy-Linsen
- 100 g rote Linsen
- 200 ml Fischfond
- 1 Handvoll frischer Salbei
- 2 EL Sojasauce
- 1 EL Zitronensaft
- 4 EL Olivenöl
- Salz
- Pfeffer

Zubereitung:

1. Die Salbeiblätter abzupfen. Ein Seeteufelfilet hinlegen und auf der Längsseite mit der halben Menge der Salbeiblätter belegen. Das zweite Filet darüberlegen. Mithilfe von Küchengarn zusammenbinden. Knoblauch kleinhacken.
2. In einer Pfanne 2 EL Olivenöl erhitzen und den Knoblauch hineingeben. Andünsten.
3. Seeteufelfilets salzen und pfeffern und in das Knoblauchöl in die Pfanne geben. Bei mittlerer Hitze für kurze Zeit beidseitig anbraten.
4. Mit Zitronensaft und Fischfond ablöschen und abdecken. Für 15-20 Min bei kleiner Hitze gar schmoren lassen.
5. Linsen waschen. Paprika in kleine Würfel schneiden.
6. In einem Topf das restliche Öl erhitzen und die Paprika andünsten. Dann die Puy-Linsen hineingeben und vollständig mit Wasser bedecken. Bei kleiner Hitze für 10 Min köcheln lassen. Dann die roten Linsen zufügen und nochmal für etwa 10-15 Min köcheln lassen, bis sie gar sind. Falls nötig noch etwas Wasser dazugeben.
7. Mit Salz, Pfeffer und Sojasauce abschmecken. Die übrigen Salbeiblätter kleinhacken und zu den Linsen mischen.
8. Das Linsengemüse auf Tellern verteilen. Die Seeteufelfilets in vier Stücke schneiden und auf den Linsen anrichten.

Gegrillter Fisch mit Gemüse

Fertig in: 45 Min (Zubereitung 20 Min)

Portionen: 4

Nährwerte: Energie 464 kcal; Eiweiß 69 g; Fett 20 g; Kohlenhydrate 2 g

Zutaten:

- 2 Bio-Zitronen
- 30 g frische Petersilie
- 4 küchenfertige Forellen (à 350 g)
- 4 EL Olivenöl
- Salz
- Pfeffer

Zubereitung:

Forellen von innen und außen abwaschen. Petersilie kleinhacken. Saft von 1 Zitrone auspressen. Die andere Zitrone fein in Scheiben schneiden.

Zitronensaft innen in die Forellen träufeln. Salzen und pfeffern. Außerdem die Petersilie und die einige Zitronenscheiben in die Bauchhöhlen legen. Nun die Forellen auch von außen mit Salz und Pfeffer würzen. Mit dem Öl beträufeln.

Ein Grillblech mit Öl einstreichen und die Forellen darauf verteilen. Auf den Grill geben und für etwa 25 Min beidseitig grillen.

Mit den übrigen Zitronenscheiben servieren. Am besten schmeckt gedünstetes Gemüse dazu.

Gefüllte Perlhuhnbrust auf rotem Sauerkraut

Fertig in: 55 Min

Portionen: 2

Nährwerte: Energie 236 kcal; Eiweiß 34 g; Fett 6 g; Kohlenhydrate 8 g

Zutaten:

- 400 g frisches Sauerkraut
- 1 Frühlingszwiebel
- 20 g saure Sahne
- 1 Lorbeerblatt
- 4 Wacholderbeeren
- 150 g Rote Bete
- 1 große Schalotte
- 2 Perlhuhnbrustfilets
- 1 Msp. gemahlene Nelke
- 2 TL Rapsöl
- ½ TL Steinpilzpulver
- Salz
- Pfeffer
- Flüssiger Süßstoff

Zubereitung:

1. Frühlingszwiebel fein in Ringe schneiden und mit dem Steinpilzpulver vermischen. In die Perlhuhnbrustfilets waagrecht eine Tasche hineinschneiden. Nun die Filets außen und innen mit Pfeffer und Salz einreiben. Die Steinpilz-Zwiebel-Mischung hineinfüllen und die Taschen mithilfe von Zahnstochern schließen.
2. Sauerkraut abtropfen lassen. Schalotte fein in Streifen schneiden. Abgeschälte Rote Bete auf einer Kastenreibe grob raspeln.
3. In einem Topf 1 TL Öl erhitzen und die Schalotte hineingeben. Glasig dünsten. Dann die Rote Bete hinzufügen und kurze Zeit andünsten. Sauerkraut, Lorbeerblatt und Wacholderbeeren mit in den Topf geben, abdecken und für 20 Min bei mittlerer Hitze garen.
4. Währenddessen in einer beschichteten Pfanne das übrige Rapsöl erhitzen. Die Perlhuhnbrustfilets hineingeben und für 10-12 Min bei mittlerer Hitze beidseitig anbraten.
5. Sauerkraut mit Nelke, Süßstoff, Salz und Pfeffer abschmecken. Zusammen mit den Filets sowie jeweils einem Klecks der sauren Sahne anrichten.

Brokkoli-Pizza mit Blauschimmelkäse und Pilzen

Fertig in: 1 Std (Zubereitung 30 Min)

Portionen: 4

Nährwerte: Energie 396 kcal; Eiweiß 29 g; Fett 28 g; Kohlenhydrate 7 g

Zutaten:

- 500 g Brokkoli
- 125 g Blauschimmelkäse
- 150 g Champignons
- 300 g geschälte Tomatenstücke (Dose)
- 70 g geriebener Hartkäse (z.B. Montello)
- 3 Eier
- 80 g geriebener Emmentaler
- 10 g Basilikum
- 2 Knoblauchzehen
- 1 Zwiebel
- 2 EL Olivenöl
- 1 TL getrockneter Oregano
- 3 TL Flohsamen
- Salz
- Pfeffer

Zubereitung:

1. Brokkoli in einen Mixer geben und zerkleinern.
2. Flohsamen, Käse, Eier, Salz, Pfeffer und Oregano vermischen und für 10 Min quellen lassen. Dann den zerkleinerten Brokkoli zu der Masse geben.
3. 2 Backbleche mit Backpapier belegen und die Brokkolimasse in 4 Portionen darauf geben und zu dünnen Fladen verstreichen.
4. Backofen auf 200 °C Ober-/ Unterhitze (Umluft 180 °C; Gas: Stufe 3) vorheizen und den Brokkoli darin für 12-15 Min backen.
5. Währenddessen Knoblauch und Zwiebel kleinhacken. Einige Basilikumblätter auf die Seite legen und den Rest davon kleinhacken.
6. In einem kleinen Topf Öl erhitzen und Knoblauch und Zwiebel hineingeben. Bei mittlerer Hitze für 2 Min andünsten. Basilikum und Tomaten dazugeben und für 5 Min bei kleiner Hitze köcheln lassen. Salzen und pfeffern. Die Tomatensauce auf den Brokkolifladen verteilen.
7. Champignons dünn in Scheiben schneiden und auf den Pizzen verteilen. Nun den Blauschimmelkäse darüber bröckeln.
8. Pizzen nochmal für 15 Min in den Backofen geben. Vor dem Servieren mit den beiseitegelegten Basilikumblättern garnieren.

Abendessen

Gehörst du zu den Menschen, welche erst abends so richtig Hunger bekommen? Dann bist du in diesem Kapitel genau richtig, denn du findest hier viele glutenfreie Gerichte für das Abendessen. Neben großen Hauptspeisen gibt es auch leichtere Gerichte, welche nicht so schwer im Magen liegen. Darum ist es ganz egal, ob du für dich alleine, deine Familie oder Freunde kochen möchtest – hier ist für jedes Zeitfenster, jeden Geschmack und jedes Budget etwas dabei.

Gebackene Süßkartoffel mit Lachs und Quinoa-Salat

Fertig in: 55 Min

Portionen: 4

Nährwerte: Energie 551 kcal; Eiweiß 16 g; Fett 20 g; Kohlenhydrate 75 g

Zutaten:

- 4 Scheiben Räucherlachs
- 1 Bio-Zitrone
- 2 Süßkartoffeln
- 200 g Brokkoliröschen
- 40 g Babyspinat
- 150 g Quinoa
- ½ Bund Frühlingszwiebeln
- ½ Bund Koriander
- ½ Bund Petersilie
- 4 EL Granatapfelkerne
- 2 EL Pinienkerne
- 4 EL Olivenöl
- Chiliflocken
- Salz
- Pfeffer

Zubereitung:

1. Süßkartoffel in Hälften schneiden und die Schnittfläche kreuzweise einschneiden. 1 EL Öl darauf pinseln. Mit Chiliflocken, Salz und Pfeffer würzen.
2. Backofen auf 200 °C Ober-/ Unterhitze (Umluft 180 °C; Gas: Stufe 3) vorheizen und die Süßkartoffeln darin für 45-50 Min backen – die Süßkartoffeln sollten gar sein.
3. Währenddessen Quinoa laut Packungsanweisung zubereiten und dann ein wenig abkühlen lassen.
4. Salzwasser zum Kochen bringen und die Brokkoliröschen darin für 5 Min blanchieren.
5. Frühlingszwiebeln in Ringe schneiden. Zusammen mit Brokkoli, Spinat und Granatapfelkernen zu der fertigen Quinoa geben. Salzen und pfeffern.
6. Koriander und Petersilie kleinhacken. 1 EL Pinienkerne ebenfalls kleinhacken. Zitrone mit heißem Wasser abwaschen, trocknen und die Schale abreiben. Dann den Saft der Zitrone auspressen.
7. Die Kräuter, gehackte Pinienkerne, 2 EL Zitronensaft, Zitronenschale und das übrige Öl vermischen. Mit Salz und Pfeffer abschmecken.
8. Den Quinoa-Salat auf den fertigen Süßkartoffelhälften verteilen. Den Räucherlachs darauflegen. Zuletzt das Kräuter-Öl darüber verteilen und mit den übrigen Pinienkernen garnieren.

Gedünstetes Fischfilet auf Gemüsebett

Fertig in: 25 Min

Portionen: 1

Nährwerte: Energie 100 kcal; Eiweiß 13 g; Fett 2 g; Kohlenhydrate 5 g

Zutaten:

- ½ Knolle Fenchel
- 1 Schalotte
- ½ kleine Limette
- 60 g Karotten
- 70 g Pangasiusfilet
- 2 Stiele glatte Petersilie
- 3 EL Gemüsebrühe
- Salz
- Pfeffer

Zubereitung:

1. Schalotte in kleine Würfel schneiden. Karotte abschälen und in schmale Stifte schneiden. Fenchel ebenfalls schmal in Stifte schneiden.
2. In einer beschichteten Pfanne die Brühe erhitzen und Karotte, Fenchel und Schalotte hineingeben. Für circa 3 Min dünsten. Salzen und pfeffern.
3. Das gewaschene Fischfilet salzen und auf das Gemüse in die Pfanne legen. Abdecken und für 8-10 Min bei kleiner Hitze dünsten.
4. Währenddessen Blätter der Petersilie kleinhacken. Saft der Limette auspressen.
5. Limettensaft auf den Fisch geben und mit der Petersilie garnieren

Garnelensalat mit Melonenspalten

Fertig in: 1 Std 20 Min

Portionen: 2

Nährwerte: Energie 190 kcal; Eiweiß 16 g; Fett 6 g; Kohlenhydrate 16 g

Zutaten:

- ½ Melone
- 1 Limette
- 1 rote Chilischote
- 125 g Garnelen
- 1 große rote Zwiebel
- ½ Bund Koriander
- 15 g gesalzene, geröstete Erdnusskerne
- 1 TL Rapsöl
- 1 EL Ahornsirup
- Salz

Zubereitung:

1. Garnelen auftauen lassen.
2. Zwiebel in einige Ringe schneiden und den Rest klein würfeln. Entkernte Chilischote in kleine Würfel schneiden. Saft der Limette auspressen.
3. 2 EL Limettensaft, 2 EL Wasser, Ahornsirup, Chili und Salz vermischen.
4. Die aufgetauten Garnelen mithilfe eines kleinen Messers am Rücken entlang einritzen. Die schwarzen Darmfäden entfernen. Abwaschen und trockentupfen.
5. In einer kleinen Pfanne Öl erhitzen und die Garnelen darin von allen Seiten für 3-4 Min anbraten.
6. Zwiebelwürfel und noch warme Garnelen zu der Chili-Limetten-Sauce geben und für 10 Min marinieren.
7. Währenddessen die Melone entkernen und abschälen und in Spalten von 1 cm Breite schneiden. Erdnusskerne kleinhacken und zu den Garnelen mischen. Korianderblätter kleinhacken und ebenfalls zu den Garnelen mischen.
8. Den Garnelensalat mit Salz abschmecken und zusammen mit den Melonenspalten auf Tellern anrichten. Mit den Zwiebelringen garnieren.

Keto-Lasagne

Fertig in: 55 Min

Portionen: 4

Nährwerte: Energie 541 kcal; Eiweiß 35 g; Fett 40 g; Kohlenhydrate 9 g

Zutaten:

- 150 g Mozzarella
- 150 g Sojaschnetzel
- 200 g Schlagsahne
- 400 g Zucchini
- 100 g Schmand
- 5 g Hefeflocken
- 200 ml Gemüsebrühe
- 300 g Spinat
- 1 Schalotte
- 1 TL Guarkernmehl
- 1 EL Tomatenmark
- 2 EL Olivenöl
- 1 Prise Muskatnuss
- Salz

- Pfeffer

Zubereitung:

1. Soja laut Packungsanweisung für 10-15 Min in heißem Wasser einweichen. Schalotte kleinhacken.
2. In einer großen Pfanne Olivenöl erhitzen. Soja und Schalotte hineingeben und für 5-7 Min bei mittlerer Hitze anbraten. Dann Tomatenmark hineingeben und für kurze Zeit mitbraten. Nun Spinat dazugeben und mit der Gemüsebrühe ablöschen. Zum Kochen bringen und mit Hefeflocken, Salz und Pfeffer würzen.
3. Schlagsahne, Muskat, Schmand, Salz und Pfeffer vermischen. Das Guarkernmehl zuerst durch ein Sieb streichen und dann langsam einrühren, das Gemisch sollte eine etwas zähflüssige Konsistenz haben.
4. Zucchini längs dünn in Scheiben schneiden – am besten mit einem Sparschäler. Mozzarella klein würfeln.
5. Abwechselnd Soja-Spinat mit Sahnecreme sowie Zucchiniplatten in eine Auflaufform schichten. Mit der Sahnecreme abschließen und mit Mozzarella bestreuen.
6. Backofen auf 180 °C Ober-/ Unterhitze (Umluft 160 °C; Gas: Stufe 2-3) vorheizen und die Lasagne darin für circa 25 Min backen. In den letzten 3 Min auf die Grillfunktion umschalten.

Marokkanische Fischspieße mit Würzmarinade

Fertig in: 2 Std 40 Min (Zubereitung 40 Min)

Portionen: 4

Nährwerte: Energie 258 kcal; Eiweiß 31 g; Fett 12 g; Kohlenhydrate 4 g

Zutaten:

- 200 g Schwertfischfilet
- 400 g Steinbeißerfilet
- 3 Knoblauchzehen
- 1 Zwiebel
- 1 Limette
- 2 getrocknete Chilischoten
- 5 schwarze Pfefferkörner
- 1 Bund frischer Koriander
- 0,1 g Safranfäden
- 3 EL Olivenöl
- 1 EL Rotweinessig
- 1 TL Kreuzkümmel
- ½ TL Koriandersamen
- Salz

Zubereitung:

1. Pfanne ohne Fett erhitzen und Kreuzkümmel, Koriandersamen und Pfefferkörner darin rösten – solange, bis ein aromatischer Rauch aufsteigt. In einen Mörser geben und Safranfäden und getrocknete Chilischoten hinzufügen. Fein mahlen.
2. Knoblauch und Zwiebel kleinhacken. Korianderblätter ebenfalls kleinhacken. Saft der Limette auspressen.
3. Gemahlene Gewürze, Knoblauch, Koriander und Zwiebeln in eine Schüssel geben und mit Olivenöl, Essig, Limettensaft vermischen. Salzen.
4. Abgewaschene Fischfilets in Würfel von 2 cm Größe schneiden. In 2/3 der Gewürzmischung wenden und dann für 1-2 Std in den Kühlschrank stellen.
5. Nun die Fischstücke auf 4 lange Holzspieße verteilen und in einer Grillpfanne je Seite für 2 Min grillen. Zusammen mit der übrigen Gewürzmischung servieren.

Ofentomaten mit Kapern-Thunfisch-Creme und Blattsalaten

Fertig in: 2 Std 30 Min (Zubereitung 45 Min)

Portionen: 4

Nährwerte: Energie 195 kcal; Eiweiß 14 g; Fett 10 g; Kohlenhydrate 10 g

Zutaten:

- 1 Stange Staudensellerie
- 125 g saure Sahne
- 270 g Thunfisch im eigenen Saft
- ½ Zitrone
- 2 Knoblauchzehen
- 800 g Eiertomaten
- 1 Handvoll feine Blattsalate
- 40 g Kapern (abgetropft)
- 150 g Joghurt
- 1 Zweig Rosmarin
- 1 Zweig Thymian
- 2 EL Olivenöl
- Salz
- Pfeffer

Zubereitung:

1. Tomaten in Hälften schneiden und die Kerne entfernen. Knoblauch klein würfeln.
2. Knoblauch, Rosmarin, Thymian, Salz, Pfeffer und 1 EL Olivenöl vermischen und über den Tomaten verteilen.
3. Die Tomaten mit der Schnittseite nach unten auf ein Ofengitter legen. Das Ofengitter dann auf ein Backblech legen.
4. Backofen auf 110 °C Ober-/ Unterhitze (Umluft 80 °C; Gas: Stufe 1) vorheizen und die Tomaten darin auf der mittleren Stufe für 2-3 Std dörren. Dann aus dem Ofen nehmen und abkühlen lassen.
5. Saft der Zitrone auspressen. Abgetropften Thunfisch mit saurer Sahne, Joghurt, 1 EL Zitronensaft, dem übrigen Olivenöl und den Kapern zu einer Creme vermischen. Mit Salz und Pfeffer würzen.
6. Staudensellerie entfädeln und sehr dünn in Scheiben schneiden.
7. Blattsalate zerkleinern und zusammen mit den Tomaten auf Tellern anrichten. Die Kapern-Thunfisch-Creme darauf verteilen. Mit Sellerie garnieren.

Lauwarmer Spargelsalat mit Garnelen

Fertig in: 35 Min

Portionen: 4

Nährwerte: Energie 410 kcal; Eiweiß 27 g; Fett 11 g; Kohlenhydrate 48 g

Zutaten:

- 1 Vollkornbaguette
- 320 g Garnelen (ohne Schale und Kopf)
- 400 g weißer Spargel
- 400 g grüner Spargel
- 100 g Rucola
- ½ Zitrone
- 150 ml mediterrane Gemüsebrühe
- 1 Knoblauchzehe
- 8 Stiele Kerbel
- 2 EL Rapsöl
- 1 EL Walnussöl
- 1 Prise Kokosblütenzucker
- Salz
- Pfeffer

Zubereitung:

1. Die holzigen Enden vom Spargel entfernen und abschälen. Schräg in Stücke von 3 cm Länge schneiden. Rucola putzen und die Stiele entfernen. Knoblauchzehe schälen und leicht zerdrücken. Garnelen der Länge nach in Hälften schneiden und mit einem spitzen Messer die schwarzen Darmfäden entfernen. Blätter vom Kerbel abzupfen. Saft der Zitrone auspressen.
2. In einer großen beschichteten Pfanne Rapsöl erhitzen. Knoblauch und Spargel hineingeben und bei starker Hitze anbraten. Dabei häufig wenden. Salzen und pfeffern.
3. Nun mit der Gemüsebrühe ablöschen und diese für etwa 4-5 Min einkochen lassen. Die Garnelen hinzufügen und bei mittlerer Hitze für 2 Min garen, dabei ständig umrühren.
4. Die Garnelen-Spargel-Mischung mit Salz, Pfeffer, Zucker und Zitronensaft abschmecken. Dann Kerbel, Walnussöl und Rucola dazugeben und gründlich durchmischen.
5. Servieren und das Baguette dazu reichen.

Frischkäsebällchen auf Salat mit Tomaten und Spinat

Fertig in: 20 Min

Portionen: 2

Nährwerte: Energie 198 kcal; Eiweiß 11 g; Fett 11 g; Kohlenhydrate 11 g

Zutaten:

- 2 Tomaten
- 1 kleiner Radicchio
- 250 g junger Blattspinat
- 1 Orange
- 50 g Magerquark
- 50 g Ziegenfrischkäse
- ½ Bund Basilikum
- 1 EL Olivenöl
- 1 EL Balsamessig
- Salz
- Pfeffer

Zubereitung:

1. Radicchio schmal in Streifen schneiden und zusammen mit dem Spinat in eine Schüssel geben. Tomaten in Hälften schneiden und mit einem Löffel die Kerne entfernen. Schmal in Spalten schneiden und ebenfalls in die Schüssel geben.
2. Orange abschälen, darauf achten, dass das Weiße vollständig entfernt wird. Nun in einzelne Fruchtfilets zerteilen, dabei den Saft auffangen. Die Filets zum Salat mischen.
3. Basilikumblätter fein in Streifen schneiden. Mit Magerquark und Ziegenfrischkäse vermischen und salzen und pfeffern.
4. Die Hände anfeuchten und aus der Frischkäsemasse kleine Bällchen formen.
5. Den Orangensaft mit Salz, Pfeffer, Öl und Essig vermischen und das Dressing zum Salat geben. Mit den Käsebällchen anrichten.

Forellenfilets auf Salat mit Meerrettichcreme und Pellkartoffeln

Fertig in: 25 Min

Portionen: 2

Nährwerte: Energie 393 kcal; Eiweiß 40 g; Fett 7 g; Kohlenhydrate 38 g

Zutaten:

- 1 kleine Schalotte
- 300 g Joghurt
- 400 g kleine Kartoffeln
- 250 g Römersalatherz
- 4 geräucherte Forellenfilets
- 1 Bund Dill
- 10 g frische Meerrettichwurzel
- 1 TL flüssiger Honig
- Salz
- Pfeffer

Zubereitung:

1. Wasser zum Kochen bringen und die Kartoffeln darin für 20 Min garen.
2. Währenddessen Schalotte kleinhacken. Meerrettich fein raspeln. Beides mit dem Joghurt vermischen. Mit Salz, Pfeffer und Honig abschmecken. Fähnchen des Dills kleinhacken und ebenfalls zum Joghurt mischen.
3. Salat in mundgerechte Stücke zerteilen und zusammen mit den Forellenfilets auf Tellern anrichten.
4. Die Kartoffeln mit kaltem Wasser abschrecken und pellen. Dann zusammen mit der Meerrettichcreme auf die Teller geben.

Steak vom Rind mit Pilzen und Karotten

Fertig in: 45 Min

Portionen: 4

Nährwerte: Energie 310 kcal; Eiweiß 37 g; Fett 15 g; Kohlenhydrate 8 g

Zutaten:

- 4 Rinderfiletsteaks (à 150 g)
- 500 g Karotten
- 400 g Champignons
- 1 Bund Petersilie
- 1 EL Kräuterbutter
- 1 EL Sonnenblumenöl
- 1 TL Butter
- Salz
- Pfeffer

Zubereitung:

1. Petersilie kleinhacken. Champignons in Viertel schneiden. Karotten fein in Scheiben schneiden.
2. In einer beschichteten Pfanne Butter erhitzen. Karotten und Pilze hineingeben und von allen Seiten anbraten bis sie eine goldbraune Farbe haben. Salzen und pfeffern.
3. In einer weiteren beschichteten Pfanne Öl erhitzen und die Steaks hineingeben. Je Seite für 2 Min anbraten. Dann die Steaks in Alufolie wickeln.
4. Backofen auf 100 °C Ober-/ Unterhitze (Umluft 80 °C; Gas: Stufe 1) vorheizen und die Steaks darin für 15 Min ziehen lassen. Dann salzen und pfeffern.
5. Steaks, Kräuterbutter und Pilz-Karotten-Gemüse auf Tellern und mit der Petersilie garnieren.

Geschmortes Kaninchen mit Rotwein

Fertig in: 5 Std (Zubereitung 20 Min)

Portionen: 6

Nährwerte: Energie 399 kcal; Eiweiß 37 g; Fett 23 g; Kohlenhydrate 10 g

Zutaten:

- 250 ml Rotwein
- 200 ml Fleischbrühe
- 300 g Zwiebeln
- 2 rote Paprikaschoten
- 4 Karotten
- 4 Knoblauchzehen
- 1 Stange Lauch
- 1 ½ kg Kaninchen (küchenfertig)
- 4 Zweige Rosmarin
- 6 EL Olivenöl
- Salz
- Pfeffer

Zubereitung:

1. Pfeffer und 4 EL Olivenöl vermischen und dann den Knoblauch hineinpressen. Die Nadeln von 2 Rosmarinzweigen kleinhacken und zum Öl mischen.
2. Kaninchen in Stücke zerteilen und mit dem Öl vermischen. Abdecken und für 4 Std marinieren lassen.
3. Die Karotten abschälen und in Scheiben schneiden. Den Lauch in Ringe schneiden. Die Paprikaschoten in kleine Würfel schneiden. Geschälte Zwiebeln achteln.
4. In einem großen Bräter das übrige Olivenöl erhitzen. Die Kaninchenstücke gründlich abtropfen lassen und in den Bräter geben. Von allen Seiten anbraten.
5. Dann die übrige Marinade, Zwiebeln, Lauch, Karotten und die übrigen Rosmarinzweige dazugeben und bei mittlerer Hitze dünsten.
6. Mit Wein und Brühe ablöschen, abdecken und für 20 Min bei kleiner Hitze schmoren lassen.
7. Nun Paprika dazugeben und für weitere 20 Min garen. Salzen und pfeffern.

Japanischer Lachs mit Reis

Fertig in: 50 Min (Zubereitung 15 Min)

Portionen: 4

Nährwerte: Energie 503 kcal; Eiweiß 31 g; Fett 19 g; Kohlenhydrate 51 g

Zutaten:

- 250 g Basmatireis
- 20 g Frühlingszwiebelgrün
- 500 g Lachsfilet (mit Haut)
- 60 ml Reisessig
- 60 ml Sojasauce
- 1 EL geröstete Sesamsamen
- 1 EL Sesamöl
- 1 EL Honig
- Salz

Zubereitung:

1. Honig, Reisessig und Sojasauce in einen Topf geben und erhitzen. Umrühren und warten, bis sich der Honig gelöst hat. Dann Abkühlen lassen.
2. Lachs in 4 Stücke zerteilen und die Marinade darauf verteilen. Für etwa 15 Min ziehen lassen.
3. Salzwasser zum Kochen bringen und den Reis darin laut Packungsanweisung gar kochen.
4. Öl in einer Pfanne erhitzen. Lachs abtropfen lassen und mit der Fleischseite nach unten für circa 1 Min bei mittlerer Hitze anbraten. Wenden und nochmal 1 Min braten. Nun die Marinade über dem Lachs verteilen und für 3-4 Min bei kleiner Hitze gar ziehen lassen. Immer wieder die Sauce darüber gießen.
5. Den Reis auf Schälchen verteilen und den Lachs darauf geben. Die Sauce darüber träufeln. Frühlingszwiebelgrün in Streifen schneiden und genauso wie den Sesam darauf verteilen.

Snacks

Der kleine Hunger zwischendurch ist wohl fast jedem bekannt. Allerdings handelt es sich hierbei meist nicht wirklich um Hunger, sondern einfach um die Lust, etwas zu essen – diese entsteht beispielsweise durch Langeweile. Leicht ist man bei einer derartigen Heißhungerattacke dazu verleitet, nach irgendetwas zu greifen, was sich gerade in der Nähe befindet. Dies kann fatal sein, wenn man sich glutenfrei ernähren muss.

Darum findest du hier Rezepte für glutenfreie Snacks, welche du schnell und unkompliziert zubereiten kannst. Durch diese leckeren Snacks kannst du verhindern, doch mal schwach zu werden, und zu einem verbotenen Lebensmittel zu greifen.

Apfel-Reis-Puffer

Fertig in: 1 Std 20 Min

Portionen: 4

Nährwerte: Energie 449 kcal; Eiweiß 9 g; Fett 19 g; Kohlenhydrate 59 g

Zutaten:

- 60 g Buchweizenmehl
- 1 kleine Orange
- 2 kleine süße Äpfel
- 50 g Milchreis
- 60 g Vollkorn-Langkonreis
- 2 Eier
- 40 g Aprikosenkonfitüre
- 2 EL Rapsöl
- 50 g gemahlene Haselnusskerne
- Salz

Zubereitung:

1. Langkornreis und Milchreis zusammen mit 250 ml Wasser in einen Topf geben und zum Kochen bringen. Dann abdecken und für 20-25 Min garen lassen.
2. Währenddessen die geschälten Äpfel entkernen und mithilfe einer Kastenreibe grob raspeln.
3. Saft der Orange auspressen und 3 EL des Safts zu den Apfelraspeln mischen. Dann Eier, gemahlene Haselnüsse, Buchweizenmehl und Aprikosenkonfitüre zu den Äpfeln mischen.
4. Den fertigen Reis abgießen und ebenfalls zu den anderen Zutaten mischen.
5. Hände leicht anfeuchten oder bemehlen und aus dem Teig 10 kleine Puffer formen.
6. In einer beschichteten Pfanne Öl erhitzen und die Puffer darin je Seite etwa 4 Min braten.
7. Backofen auf 180 °C Ober-/ Unterhitze (Umluft 160 °C; Gas: Stufe 2-3) vorheizen. Ein Backblech mit Backpapier auslegen und die Apfel-Reis-Puffer darauf verteilen. Für 15-20 Min im Ofen backen.

Karotten-Bananen-Orangensaft

Fertig in: 5 Min

Portionen:

Nährwerte: Energie 184 kcal; Eiweiß 3 g; Fett 1 g; Kohlenhydrate 39 g

Zutaten:

- 100 ml Karottensaft
- 200 g Bananen
- 150 g Orangen
- Eiswürfel

Zubereitung:

1. Saft der Orange auspressen und in ein hohes Gefäß füllen.
2. 3 Scheiben der Banane schräg abschneiden. Die übrige Banane dick in Scheiben schneiden und zum Orangensaft geben.
3. Den Karottensaft ebenfalls in das hohe Gefäß geben und mithilfe eines Stabmixers zu einer feinen Masse pürieren.
4. Die Eiswürfel in ein Glas geben und den Saft darüber gießen. Mit den 3 Bananenscheiben garnieren.

Mango-Melonen-Guaven-Drink

Fertig in: 10 Min

Portionen: 1

Nährwerte: Energie 178 kcal; Eiweiß 2 g; Fett 1 g; Kohlenhydrate 37 g

Zutaten:

- 75 ml Guavensaft
- 250 g Wassermelone
- 250 g Mango
- Eiswürfel

1. **Zubereitung:**
2. Vom Fruchtfleisch der Mango 2-3 dünne, lange Streifen abschneiden und auf die Seite legen. Den Rest in Würfel schneiden. Das Fruchtfleisch der Melone würfeln.
3. Melone und Mango in einem hohen Gefäß mithilfe eines Stabmixers pürieren. Dann den Guavensaft hinzufügen und nochmal gründlich durchmixen.
4. In ein Glas geben und mit den Mangospalten garnieren.

Selbstgemachter Schafskäse in Kräuteröl mariniert

Fertig in: 4 Tagen (Zubereitung 20 Min)

Portionen: 6

Nährwerte: Energie 218 kcal; Eiweiß 11 g; Fett 15 g; Kohlenhydrate 7 g

Zutaten:

- 1 kg Joghurt (aus Ziegen- oder Schafsmilch)
- 1 Bio-Zitrone
- 3 Stiele Minze
- 2 getrocknete rote Chilischoten
- 1 TL Fenchelsamen
- 1 EL Olivenöl (und Olivenöl zum Auffüllen)
- 1 TL Kreuzkümmel
- 1 TL Meersalz

Zubereitung:

1. Zitrone mit heißem Wasser abwaschen, trockenreiben und dann die Hälfte der Schale fein reiben.
2. In einer Schüssel Salz, Olivenöl, Joghurt und Zitronenabrieb vermischen.
3. Sieb mit einem sauberen Küchentuch auslegen und über eine Schüssel hängen. Die Joghurtmischung hineinfüllen. Das Küchentuch über der Masse zusammenschlagen und mit Küchengarn zusammenbinden.
4. Mit einem Band hängend im Kühlschrank befestigen. Eine Schüssel darunter stellen und für 48 Std abtropfen lassen.
5. Dann die Hände anfeuchten und den Joghurt zu Kugeln formen. In ein großes Einweckglas füllen.
6. Pfanne ohne Öl erhitzen und Kreuzkümmel und Fenchelsamen darin anrösten, bis ein aromatischer Duft aufsteigt. Chilischoten unterrühren, dann abkühlen lassen.
7. Minzblätter abzupfen. Mithilfe des Sparschälers dünn die restliche Zitronenschale abschälen.
8. Die Gewürze, Minze und Zitronenschale zu den Käsebällchen in das Glas geben und mit Olivenöl auffüllen, bis die Kugeln bedeckt sind.
9. Das Glas gründlich verschließen und für 2 Tage im Kühlschrank marinieren lassen.
10. Der Käse kann gründlich abgetropft serviert werden, das Öl eignet sich gut für Salatsaucen.

Schneller Karotten-Rote Bete-Mix

Fertig in: 10 Min

Portionen: 1

Nährwerte: Energie 74 kcal; Eiweiß 2 g; Fett 1 g; Kohlenhydrate 14 g

Zutaten:

- 50 ml Karottensaft
- 100 ml Rote Bete Saft
- 125 g Bio-Orange
- Eiswürfel

Zubereitung:

1. Orange mit heißem Wasser abwaschen und trockenreiben. Mithilfe eines Sparschälers die Schale dünn abziehen. Dann sehr fein in Streifen schneiden.
2. Saft der Orange auspressen. Zusammen mit dem Karottensaft und Rote Bete Saft in ein hohes Gefäß geben und mithilfe eines Stabmixers vermischen.
3. Eiswürfel in ein Glas geben und den Saft darauf geben. Mit den Orangenstreifen garnieren.

Erdbeer-Quarkcreme

Fertig in: 15 Min

Portionen: 4

Nährwerte: Energie 143 kcal; Eiweiß 11 g; Fett 5 g; Kohlenhydrate 11 g

Zutaten:

- 300 g Quark
- 150 ml Milch
- 300 g Erdbeeren
- 2 EL Zitronensaft
- 1 EL Honig

Zubereitung:

1. 5 Erdbeeren, Zitronensaft und Honig pürieren und dann durch ein Sieb streichen.
2. Die übrigen Erdbeeren kleinschneiden.
3. Quark, Milch und Erdbeerpüree vermischen. Auf Schälchen verteilen und die kleingeschnittenen Erdbeeren darauf verteilen.

Himbeer-Smoothie mit Mohn und Vanille

Fertig in: 20 Min

Portionen: 4

Nährwerte: Energie 187 kcal; Eiweiß 18 g; Fett 5 g; Kohlenhydrate 14 g

Zutaten:

- 300 g Himbeeren
- 300 g Magerquark
- 150 ml Milch
- 1 Vanilleschote
- 2 EL gemahlener Mohn
- 1 EL Rohrohrzucker
- Etwas Zitronenmelisse

Zubereitung:

1. Mark aus der Vanilleschote herauskratzen.
2. Vanillemark, Vanilleschote, Milch, Mohn und Zucker in einem Topf zum Kochen bringen. Vom Herd nehmen, abkühlen lassen und dann den Quark einrühren.
3. 4 EL Wasser und die Himbeeren in einen Mixer geben und zu einer feinen Masse pürieren. Je nach Belieben danach durch ein feines Sieb streichen.
4. Die Quarkmischung auf Gläser verteilen, dann gleichmäßig die Himbeermasse darauf geben. Mithilfe eines Löffels grob durchmischen – es entsteht ein schönes Muster. Vor dem Servieren mit der Zitronenmelisse garnieren.

Linsenwaffeln mit Mozzarella, Tomaten und Bärlauch-Pesto

Fertig in: 2 Std 25 Min

Portionen: 4

Nährwerte: Energie 440 kcal; Eiweiß 22 g; Fett 28 g; Kohlenhydrate 27 g

Zutaten:

- 125 g Mini-Mozzarellakugel
- 350 g Kirschtomaten
- 50 g Pinienkerne
- 100 g rote Linsen
- 2 Knoblauchzehen
- 100 ml Milch
- 45 g Reismehl
- 3 Eier
- 10 g Bärlauch
- 1 TL Rohrohrzucker
- 4 EL Olivenöl
- Salz
- Pfeffer

Zubereitung:

1. Die Linsen in eine Schüssel mit kaltem Wasser geben und für 1 ½ Std einweichen lassen. Dann in ein Sieb geben und gründlich abtropfen lassen.
2. Währenddessen Knoblauch kleinschneiden. Bärlauch klein zupfen.
3. Eine heiße Pfanne ohne Fett erhitzen und die Pinienkerne darin für 3 Min bei mittlerer Hitze anrösten. Herausnehmen und ein paar der Kerne für die Garnitur auf die Seite legen.
4. Bärlauch, Knoblauch, Pinienkerne, 3 EL Wasser und 3 EL Olivenöl mit einem Standmixer zu einer sämigen Masse pürieren. Salzen und pfeffern.
5. Linsen in einen Mixer geben und glatt pürieren. Reismehl, Zucker, Eier und 2 Prisen Salz dazugeben und alles zu einem glatten Teig verarbeiten. Dann für 30 Min in den Kühlschrank stellen.
6. Ein wenig Olivenöl in ein Waffeleisen streichen und dieses erhitzen. Immer 1 kleine Kelle Teig hineingeben und für 2-3 Min backen, dann herausnehmen. So verfahren, bis der gesamte Teig aufgebraucht ist.
7. Mozzarella abtropfen lassen. Kirschtomaten in Hälften schneiden.
8. Die Waffeln auf Tellern anrichten. Mozzarella, Tomaten und die beiseitegelegten Pinienkerne darauf verteilen und mit dem Pesto beträufeln. Zuletzt mit etwas Pfeffer würzen.

Pikante Eier im Glas mit Basilikum, Chili und Paprika

Fertig in: 45 Min

Portionen: 2

Nährwerte: Energie 190 kcal; Eiweiß 9 g; Fett 15 g; Kohlenhydrate 4 g

Zutaten:

- 2 Eier
- 125 ml Tomatensaft
- 1 Knoblauchzehe
- 1 kleine Zwiebel
- 1 kleine grüne Chilischote
- 1 kleine rote Paprikaschote
- 2 Stiele Basilikum
- 1 ½ EL Olivenöl
- Salz
- Pfeffer

Zubereitung:

1. Knoblauch und Zwiebel kleinhacken. Paprikaschote in kleine Würfel schneiden. Chilischote kleinhacken.
2. In einem kleinen Topf 1 EL Öl erhitzen. Chili, Paprika, Knoblauch und Zwiebeln hineingeben und für 7-8 Min bei mittlerer Hitze dünsten. Dabei umrühren.
3. Tomatensaft zufügen und für 3 Min köcheln lassen.
4. Basilikumblätter kleinschneiden. Mit in den Topf geben und salzen und pfeffern.
5. Einweckgläser mit etwas Olivenöl auspinseln und das Gemüse hineingeben. Die Eier aufschlagen und je 1 Ei in ein Glas gleiten lassen, salzen und pfeffern. Die Gläser gründlich verschließen.
6. 1 l Wasser in einem Topf aufkochen und die Gläser hineinstellen. Für 7-8 Min garen. Dann gleich servieren.

Karotten-Apfel-Salat

Fertig in: 15 Min

Portionen: 2

Nährwerte: Energie 167 kcal; Eiweiß 1 g; Fett 5 g; Kohlenhydrate 25 g

Zutaten:

- 2 Äpfel
- 2 Karotten
- 4 EL Apfelsaft
- 3 EL frisch gepresster Zitronensaft
- 1 EL Rapsöl
- Salz
- Pfeffer

Zubereitung:

1. Apfel- und Zitronensaft und Öl miteinander vermischen, mit Salz und Pfeffer abschmecken.
2. Karotten abschälen und raspeln. Äpfel ebenfalls grob raspeln.
3. Äpfel und Karotten in eine Schüssel geben und mit dem Dressing vermischen.

Kiwi-Milchshake

Fertig in: 5 Min

Portionen: 2

Nährwerte: Energie 185 kcal; Eiweiß 6 g; Fett 6 g; Kohlenhydrate 23 g

Zutaten:

- 300 ml Milch
- 3 Kiwi
- 2 EL Zitronensaft
- 1 EL Honig
- Zerstoßenes Eis

Zubereitung:

1. Kiwis abschälen und etwas zerkleinern. Mit dem Zitronensaft und Honig zu einer feinen Masse pürieren. Die Milch dazugeben und nochmal gründlich pürieren.
2. Nun den Kiwi-Milchshake zusammen mit dem zerstoßenen Eis in hohe Gläser füllen.

Gemischte Blattsalate mit gehobeltem Pecorino und Avocado

Fertig in: 25 Min

Portionen: 4

Nährwerte: Energie 257 kcal; Eiweiß 3 g; Fett 25 g; Kohlenhydrate 3 g

Zutaten:

- 150 g Radicchio
- 150 g Römersalatherz
- 1 Limette
- 1 Avocado
- 30 g Pecorino
- 2 Stiele Basilikum
- 6 EL Olivenöl
- 1 EL Ahornsirup
- Salz
- Pfeffer

Zubereitung:

1. Salate putzen und die Blätter zerkleinern. In eine Schüssel geben. Saft der Limette auspressen. Das Fruchtfleisch der Avocado der Länge nach dünn in Scheiben schneiden. Basilikumblätter fein in Streifen schneiden.
2. Für die Zubereitung des Dressings Limettensaft, Ahornsirup, Salz und Pfeffer vermischen. Dann mithilfe eines Schneebesens das Olivenöl unterheben.
3. Die halbe Menge des Dressings über dem Salat verteilen, mischen und auf Teller verteilen.
4. Die andere Hälfte des Dressings über die Avocadoscheiben geben. Diese zusammen mit dem Salat anrichten.
5. Mit dem Basilikum garnieren und Pecorino darüber hobeln.

Gebratene Mini-Paprika in Olivenöl

Fertig in: 10 Min

Portionen: 2

Nährwerte: Energie 115 kcal; Eiweiß 1 g; Fett 10 g; Kohlenhydrate 4 g

Zutaten:

- 300 g grüne Paprikaschote
- 2 EL Olivenöl
- Grobes Meersalz
- Pfeffer

Zubereitung:

1. Paprikaschote abwaschen und trocknen.
2. In einer großen beschichteten Pfanne Olivenöl erhitzen. Die Paprikaschoten hineingeben und für 4-5 Min bei starker Hitze braten. Dabei ständig umrühren.
3. Mit Pfeffer und groben Meersalz würzen.

Gurken-Ananas-Salsa mit Frühlingszwiebeln

Fertig in: 45 Min

Portionen: 4

Nährwerte: Energie 91 kcal; Eiweiß 1 g; Fett 0 g; Kohlenhydrate 20 g

Zutaten:

- 1 kleine Chilischote
- 250 g Salatgurke
- 1 frische Ananas
- 1 Bund Frühlingszwiebeln
- 1 EL Honig
- 3 EL Apfelessig
- Salz

Zubereitung:

1. 400 g vom Fruchtfleisch der Ananas in kleine Würfel schneiden und in eine Schüssel geben. Abgeschälte Gurke in Hälften schneiden und die Kerne entfernen. Dann ebenfalls in kleine Würfel schneiden. Ananas und Gurke vermischen. Frühlingszwiebeln dünn in Ringe schneiden und auch dazu mischen.
2. Chilischote entkernen und kleinschneiden. Dann mit Honig, Essig und ein wenig Salz vermischen.
3. Das Dressing zu der Gurken-Ananas-Mischung geben. Für 30 Min ziehen lassen und dann nochmal mit den Gewürzen abschmecken.

Gegrillte Zucchiniblüten mit Pecorino

Fertig in: 35 Min

Portionen: 4

Nährwerte: Energie 146 kcal; Eiweiß 4 g; Fett 14 g; Kohlenhydrate 1 g

Zutaten:

- 1 Limette
- 8 Zucchiniblüten
- 2 getrocknete Tomaten
- 50 g Pecorino
- 3 Stiele Oregano
- 4 EL Olivenöl
- Salz
- Pfeffer

Zubereitung:

1. Zuerst die spitzen äußeren Kelchblätter, welche sich rund um die Stielansätze befinden, entfernen. Dann vorsichtig die Blüten öffnen und die Stempel herauslösen. Die unteren Blütenenden abschneiden.
2. Oreganoblätter abzupfen und kleinhacken. Die getrockneten Tomaten kleinhacken. Saft der Limette auspressen.
3. Tomaten, Oregano und Limettensaft in einer Schüssel vermischen und das Olivenöl unterheben.
4. Mit dem Sparschäler Pecorino hobeln.
5. Grill oder Grillpfanne erhitzen und die Blüten für 4-5 Min bei mittlerer Hitze von allen Seiten grillen. Auf einer Platte anrichten und salzen und pfeffern. Dann mit der Marinade beträufeln. Pecorino darauf verteilen und für 15 Min zum Ziehen beiseitestellen.

Desserts

Nach der herzhaften Hauptspeise noch etwas Süßes naschen - wer kann da schon widerstehen? Dabei ist es ganz egal, ob du nur dich selbst, oder Freunde und Familie mit einem leckeren Dessert verwöhnen möchtest, hier findest du zahlreiche Inspirationen für schmackhafte Desserts. Denn eines sollte dir mittlerweile klar sein: Glutenfreie Ernährung ist (mindestens) genauso lecker wie Nahrung, welche Gluten enthält. Darum gibt es auch keinen Grund, weshalb Menschen, welche nicht an einer Glutenunverträglichkeit leiden, keine glutenfreien Mahlzeiten vorgesetzt bekommen sollten. Vermutlich werden sie nicht mal einen Unterschied bemerken – probiere es doch mal aus!

Sommerlicher Obstsalat

Fertig in: 20 Min

Portionen: 4

Nährwerte: Energie 253 kcal; Eiweiß 4 g; Fett 1 g; Kohlenhydrate 53 g

Zutaten:

- 150 g Erdbeeren
- 150 g Physalis
- 1 Mango
- 1 Papaya
- ½ Zitrone
- 1 Orange
- ½ Ananas
- 200 g Honigmelone

Zubereitung:

1. Saft der Zitrone und Orange auspressen. Ananas, Mango und Papaya abschälen. Das Fruchtfleisch der Papaya kleinschneiden. Fruchtfleisch der Ananas, Mango und Melone in Würfel von 1 cm Größe schneiden. Erdbeeren in Hälften oder Viertel schneiden.
2. Das gesamte Obst in eine Schüssel geben und mit dem Zitronen- und Orangensaft vermischen.

Gefüllte Melone mit Fruchtjoghurt

Fertig in: 25 Min

Portionen: 4

Nährwerte: Energie 209 kcal; Eiweiß 6 g; Fett 7 g; Kohlenhydrate 29 g

Zutaten:

- 1 Blutorange
- 2 Birnen
- 1200 g Melone
- 400 g Joghurt
- 20 g Mandelblättchen
- 1 EL Birnendicksaft
- 1 Prise Kardamom
- 2 Stiele Minze

Zubereitung:

1. Die Melonen in Hälften schneiden, die Kerne entfernen und von den Unterseiten eine dünne Scheibe abschneiden, damit die Melonenhälften „stehen“ können. Minzblätter abzupfen und kleinhacken.
2. Eine beschichtete Pfanne erhitzen und die Mandelblättchen darin bei mittlerer Hitze rösten bis sie eine goldbraune Farbe haben. Dann abkühlen lassen.
3. Birnen in Viertel schneiden, dann entkernen und dünn in Scheiben schneiden. Orange so abschälen, dass alles Weiße entfernt wird und dann in einzelne Filets schneiden. Den Orangensaft in einer Schüssel auffangen.
4. Orangensaft mit Kardamom, Birnendicksaft und Joghurt mithilfe eines Schneebesens zu einer glatten Masse verrühren. Dann Birnenscheiben, Orangenfilets und Minze dazu mischen.
5. Die Masse in die Melonenhälften füllen und mit den Mandelblättchen garnieren.

Papaya-Erdbeer-Drink mit Kiwipüree

Fertig in: 10 Min

Portionen: 2

Nährwerte: Energie 110 kcal; Eiweiß 3 g; Fett 1 g; Kohlenhydrate 20 g

Zutaten:

- 400 g Papaya
- 2 Kiwis
- 250 g Erdbeeren
- 2 Stiele Minze

Zubereitung:

1. Die Blätter der Minze abzupfen und auf die Seite legen.
2. Erdbeeren in ein hohes Gefäß geben und mithilfe eines Stabmixers zu einer feinen Masse pürieren, dann auf 2 Gläser verteilen.
3. Abgeschälte Kiwis würfeln und ebenfalls in ein hohes Gefäß geben und mithilfe des Standmixers pürieren. Dann vorsichtig auf dem Erdbeerpüree verteilen.
4. Das Fruchtfleisch der Papaya etwas zerkleinern und dann ebenfalls mithilfe des Stabmixers pürieren. Vorsichtig auf dem Kiwipüree verteilen.
5. Mit der Minze garnieren.

Erdbeer-Ragout auf Milchreis mit gehackten Pistazien

Fertig in: 45 Min

Portionen: 4

Nährwerte: Energie 221 kcal; Eiweiß 7 g; Fett 4 g; Kohlenhydrate 38 g

Zutaten:

- 500 g Erdbeeren
- 100 g Milchreis
- 400 ml Milch
- 1 Bio-Zitrone
- 1 EL Pistazienkerne
- 3 EL Ahornsirup
- Salz

Zubereitung:

1. 1 TL Zitronenscheibe abreiben. Dann die Zitrone in Hälften schneiden und aus einer der Hälften ein wenig Saft auspressen.
2. Zitronenschale, Reis, Milch und 1 Prise Salz in einem Topf erhitzen. Dann abdecken und für 25-30 Min bei kleiner Hitze garen lassen. Hin und wieder umrühren.
3. Währenddessen die Erdbeeren halbieren oder in Viertel schneiden.
4. In einem hohen Gefäß 1 EL Ahornsirup und 1/3 der Erdbeeren zu einer feinen Masse pürieren.
5. Nun das Erdbeerpüree, die Erdbeerstücke und ein wenig Zitronensaft in einer Schüssel vermischen.
6. Die Pistazienkerne hacken.
7. Den übrigen Ahornsirup unter den fertigen Milchreis rühren. Ein wenig abkühlen lassen.
8. Nun den Milchreis mit dem Erdbeer-Ragout anrichten und mit den Pistazien garnieren.

Papaya-Carpaccio mit Minz-Pesto

Fertig in: 20 Min

Portionen: 1

Nährwerte: Energie 110 kcal; Eiweiß 2 g; Fett 3 g; Kohlenhydrate 17 g

Zutaten:

- 3 Cashewkerne
- ½ Bio-Limette
- 1 kleine Papaya
- 8 Minzblätter

Zubereitung:

1. Papaya längs in Hälften schneiden und die Kerne mithilfe eines Löffels entfernen. Abschälen und das Fruchtfleisch in Scheiben von 1 cm Dicke schneiden.
2. Mithilfe eines Sparschälers die Limettenschale sehr dünn abziehen, dann sehr fein in Streifen schneiden. Die halbe Menge der Limettenstreifen kleinhacken.
3. Saft der Limette auspressen und 1-2 TL davon auf den Papayascheiben verteilen.
4. Ein paar Minzblätter beiseitelegen. Den Rest kleinhacken. Cashewkerne kleinhacken.
5. Kleingehackte Minze mit gehackter Limettenschale sowie 1 TL Wasser in einen Mörser geben und zu einer feinen Paste zerreiben. Die Cashewkerne dazugeben.
6. Papaya auf einem Teller anrichten. Das Minz-Pesto darauf verteilen. Zuletzt mit den Limettenstreifen und Minzblättern garnieren.

Grapefruit-Orangen-Salat mit Dattelstreifen

Fertig in: 30 Min

Portionen: 1

Nährwerte: Energie 100 kcal; Eiweiß 2 g; Fett 0 g; Kohlenhydrate 20 g

Zutaten:

- 1 getrocknete Dattel
- 1 kleine rosa Grapefruit
- 1 kleine Bio-Orange

Zubereitung:

1. Grapefruit und Orange mit heißem Wasser abwaschen und trockenreiben. Mithilfe eines Sparschälers bei beiden Früchten je einen Streifen Schale von etwa 3 cm Länge sehr dünn abziehen. Dann quer fein in Streifen schneiden.
2. Nun Grapefruit und Orange so abschälen, dass die weiße Haut komplett entfernt wird. In einzelne Filets zerteilen, dabei in einer Schüssel den Saft auffangen.
3. Die Dattel erst in Hälften und dann sehr fein in Streifen schneiden.
4. Fruchtfilets, Dattelstreifen, die halbe Menge der Schalenstreifen und den aufgefangenen Saft in eine Schüssel geben und vermischen. Für 10 Min ziehen lassen.
5. Den Salat auf einem Teller anrichten und mit den übrigen Schalenstreifen garnieren.

Grüne Fruchtpäckchen mit Ahornsirup

Fertig in: 40 Min

Portionen: 4

Nährwerte: Energie 143 kcal; Eiweiß 2 g; Fett 1 g; Kohlenhydrate 31 g

Zutaten:

- 4 Kardamomkapseln
- 1 Zimtstange
- 300 g Melone
- 2 Kiwis
- 2 Birnen (mit grüner Schale)
- 200 g kernlose grüne Weintrauben
- 8 g Ingwer
- 4 EL Ahornsirup

Zubereitung:

1. Weintrauben halbieren. Abgeschälte Kiwis in Scheiben schneiden. Birnen in Viertel und dann in Spalten schneiden. Abgeschälte Melone in Spalten schneiden. Abgeschälter Ingwer kleinhacken. Zimtstange in 4 Stücke zerbrechen.
2. 4 Stücke von 35x25 cm aus Backpapier schneiden.
3. Ingwer, Melone, Birne, Kiwi und Weintrauben zu gleichmäßigen Mengen je in die Mitte der 4 Backpapierzuschnitte geben. Jeweils 1 Stück der Zimtstange sowie 1 Kardamomkapsel dazugeben und je 1 EL Ahornsirup darauf verteilen.
4. Nun das Backpapier zu Päckchen falten und gründlich verschließen.
5. Backofen auf 180 °C Ober-/ Unterhitze (Umluft 160 °C; Gas: Stufe 2-3) vorheizen und die Päckchen darin für 15-20 Min garen.
6. Auf Teller geben, etwas öffnen und servieren.

Zimt-Apfel-Quinoa

Fertig in: 25 Min

Portionen: 3

Nährwerte: Energie 269 kcal; Eiweiß 11 g; Fett 8 g; Kohlenhydrate 38 g

Zutaten:

- 1 großer Apfel
- 1 Handvoll Nüsse (z.B. Haselnüsse, Mandeln, Walnüsse)
- 250 ml Mandeldrink
- 125 g Quinoa
- 1 TL Zimt

Zubereitung:

1. Quinoa heiß abspülen, dann mit Zimt und Mandeldrink in einen Topf geben und zum Kochen bringen. Abdecken und bei kleiner Hitze für 15 Min köcheln lassen.
2. Apfel in Stücke schneiden. Zusammen mit 2-3 EL Wasser in eine Pfanne geben und etwas anbraten.
3. Nüsse kleinhacken.
4. Quinoa mit den Apfelstücken in Schälchen anrichten und mit den Nüssen garnieren.

Minz-Avocado-Eis mit Schokolade

Fertig in: 2 Std 15 Min (Zubereitung 15 Min)

Portionen: 6

Nährwerte: Energie 368 kcal; Eiweiß 4 g; Fett 31 g; Kohlenhydrate 20 g

Zutaten:

- 100 g feine Bitterschokolade (gehackt)
- 50 g Agavendicksaft
- 400 ml Kokosmilch
- 10 g Minze
- 3 Avocados
- 2 EL Zitronensaft

Zubereitung:

1. Die Dose mit der Kokosmilch nicht schütteln. Zuerst den oberen, festen Teil herauslöffeln und in eine Schüssel geben. Mithilfe eines Handrührgeräts schaumig schlagen und in eine Auflauf- oder Kuchenform füllen.
2. Fruchtfleisch der Avocados in einen Mixer geben. Minzblätter abzupfen und dazu geben. Außerdem Agavendicksaft und Zitronensaft dazugeben und zu einer glatten und cremigen Masse pürieren.
3. Die Avocadocreme auf der Kokoscreme verteilen. Die gehackte Bitterschokolade darauf geben und alles vorsichtig vermischen. Darauf achten, dass die Oberfläche glatt ist.
4. Nun die Eismasse mit Frischhaltefolie abdecken und ein wenig andrücken, damit sich keine Luft zwischen Eismasse und Folie befindet.
5. Für mindestens 2 Stunden in das Gefrierfach stellen.

Gebrannte Mandeln

Fertig in: 15 Min

Portionen: 4

Nährwerte: Energie 644 kcal; Eiweiß 18 g; Fett 40 g; Kohlenhydrate 54 g

Zutaten:

- 300 g Mandelkerne
- 200 g Zucker
- 1 TL Zimt

Zubereitung:

1. Eine große beschichtete Pfanne erhitzen. Zimt, 4 EL Wasser und Zucker hineingeben und vorsichtig schmelzen lassen.
2. Mandeln hinzufügen und karamellisieren lassen, dabei ständig umrühren.
3. Backpapier bereitlegen und die gebrannten Mandeln darauf verteilen und auskühlen lassen.

Gefüllte Radicchioblätter mit Früchtejoghurt

Fertig in: 15 Min

Portionen: 1

Nährwerte: Energie 100 kcal; Eiweiß 3 g; Fett 3 g; Kohlenhydrate 14 g

Zutaten:

- 1 kleiner säuerlicher Apfel
- 1 kleine Mandarine
- ½ kleine Limette
- ¼ Bund Schnittlauch
- 2 Blätter Radicchio
- 1 EL Joghurt
- 1 TL Sonnenblumenkerne
- Salz
- Pfeffer

Zubereitung:

1. Mandarine abschälen, in einzelne Filets zerteilen und kleinschneiden. Apfel in kleine Würfel schneiden. Saft der Limette auspressen. Schnittlauch in Röllchen schneiden.
2. Apfel, Mandarine und Joghurt miteinander vermischen. Dann den Limettensaft dazugeben und mit Salz und Pfeffer abschmecken.
3. Eine beschichtete Pfanne ohne Fett erhitzen und die Sonnenblumenkerne darin anrösten bis sie eine hellbraune Farbe haben.
4. Die Radicchioblätter abwaschen und den Früchtejoghurt hineinfällen. Mit Sonnenblumenkernen und Schnittlauch garnieren.

Quarkcreme mit Obst und Eis

Fertig in: 10 Min

Portionen: 1

Nährwerte: Energie 283 kcal; Eiweiß 17 g; Fett 4 g; Kohlenhydrate 42 g

Zutaten:

- 100 g Magerquark
- 1 Kugel Erdbeereis
- 3 Erdbeeren
- 1 kleiner Apfel
- 1 TL Pistazienkerne

Zubereitung:

1. Apfel achteln, dann dünn in Scheiben und dann in Stifte schneiden. Erdbeeren in Scheiben schneiden. Pistazien kleinhacken.
2. Eis in eine Schüssel geben und etwas antauen lassen. Den Quark hinzufügen und mit einem Schneebesen zu einer Creme schlagen.
3. Erdbeeren und Apfel unterheben. Mit den Pistazien garnieren.

Sorbet von Quitten

Fertig in: 4 Std 20 Min (Zubereitung 20 Min)

Portionen: 4

Nährwerte: Energie 319 kcal; Eiweiß 0 g; Fett 1 g; Kohlenhydrate 70 g

Zutaten:

- 150 ml heller Traubensaft
- 600 g Quitten
- 50 g Vollrohrzucker

Zubereitung:

1. 250 ml Wasser und Vollrohrzucker in einen Topf geben und solange erhitzen, bis der Zucker vollständig aufgelöst ist. Dann abkühlen lassen.
2. Abgeschälte Quitten in Viertel schneiden und die Kerne entfernen. Quitten und Traubensaft in einen Topf geben und aufkochen. Für 5-8 Min köcheln lassen, bis die Quitten weich sind. Dann mithilfe eines Pürierstabs zu einer feinen Masse pürieren.
3. Quittenpüree und Zuckerwasser vermischen. Die Masse in ein vorgekühltes Gefäß geben und für 3-4 Std in das Gefrierfach stellen. Immer mal wieder mit einer Gabel durchrühren, um zu vermeiden, dass sich große Eiskristalle bilden.
4. Kugeln vom Sorbet abstechen und in Dessertgläser geben.

Kürbisplätzchen

Fertig in: 1 Std 30 Min

Portionen: 24 Plätzchen

Nährwerte: Energie 221 kcal; Eiweiß 4 g; Fett 13 g; Kohlenhydrate 22 g

Zutaten:

- 225 g Butter
- 1 Butternuss-Kürbis
- 225 g Kokosblütenzucker
- 120 g zartbitter Schokotröpfchen
- 140 g geröstete Erdnusskerne
- 100 g Preiselbeeren
- 250 g glutenfreies Mehl
- 1 Ei
- 1 TL Zimt
- 1 TL Backpulver
- ½ TL Natron
- 1 TL Vanilleextrakt
- ½ TL Piment
- 1 Prise Salz

Zubereitung:

1. Den Kürbis abschälen, in Hälften schneiden und die Kerne entfernen. Auf ein Backblech geben.
2. Backofen auf 225 °C Ober-/ Unterhitze (Umluft 200 °C; Gas: Stufe 3-4) vorheizen und die Kürbishälften darin für 45 Min backen.
3. Dann den Kürbis in einen Mixer geben und zu einem Püree verarbeiten.
4. Mithilfe eines Handmixers Kokosblütenzucker und Butter vermischen und dann das Kürbispüree hinzufügen. Vanilleextrakt und Ei dazu mischen. Außerdem Piment, Salz, Zimt, Backpulver, Natron und Mehl dazugeben.
5. Zuletzt Schokotröpfchen, geröstete Erdnüsse und Preiselbeeren in die Schüssel geben und per Hand unterheben.
6. Backpapier auf das Backblech geben. Mithilfe eines Eisportionierers kleine Teigkugeln auf dem Backblech verteilen.
7. Backofen auf 200 °C Ober-/ Unterhitze (Umluft 180 °C; Gas: Stufe 3) vorheizen und die Plätzchen darin für 10-15 Min backen.

Geschmorte Artischocken in Basilikum-Zitrus-Sud

Fertig in: 1 Std

Portionen: 4

Nährwerte: Energie 72 kcal; Eiweiß 4 g; Fett 2 g; Kohlenhydrate 6 g

Zutaten:

- 250 ml Gemüsebrühe
- 8 kleine Artischocken
- 2 rote Zwiebeln
- 2 Bio-Zitronen
- 2 Bio-Orangen
- 2 Stiele Basilikum
- 6 schwarze Pfefferkörner
- 2 EL Olivenöl
- Salz

Zubereitung:

1. 1 Orange mit heißem Wasser abwaschen und trockenreiben. Mithilfe eines Sparschälers die Schale dünn abschälen. Saft beider Orangen und Zitronen auspressen.
2. 2 l Wasser und Zitronensaft in eine Schüssel geben.
3. Zwiebeln fein in Streifen schneiden. Harte Außenblätter der Artischocken entfernen und mithilfe des Sparschälers großzügig die Stiele schälen. Artischocken in Viertel schneiden und das Heu vom Blütenboden entfernen. Artischocken in das Zitronenwasser geben.
4. In einem Topf Öl erhitzen. Zwiebeln hineingeben und glasig dünsten. Basilikumblätter dazugeben.
5. Nun Orangensaft- und schale sowie die Gemüsebrühe mit in den Topf geben und Pfefferkörner sowie ein wenig Salz hinzufügen.
6. Die Artischocken abtropfen lassen. Ebenfalls in den Topf geben. Bei mittlerer Hitze zum Kochen bringen, dann Hitze reduzieren, abdecken und für circa 15 Min schmoren lassen.
7. Mit einer Schaumkelle die Artischocken aus dem Sud heben. Je nach Belieben heiß oder kalt servieren.

Glasierte Rüben mit Petersilie und Ahornsirup

Fertig in: 35 Min

Portionen: 2

Nährwerte: Energie 125 kcal; Eiweiß 1 g; Fett 8 g; Kohlenhydrate 9 g

Zutaten:

- 20 g Butter
- 350 g Mairübe
- 2 Stiele Petersilie
- 1 EL Ahornsirup
- Salz
- Pfeffer

Zubereitung:

1. Abgeschälte Rüben in Hälften schneiden und dann je Hälfte in 3 Spalten schneiden. In einer beschichteten Pfanne verteilen. Wasser dazugeben, die Rüben sollten zur Hälfte mit Wasser bedeckt sein.
2. Nun Ahornsirup, Butter, 1 Prise Pfeffer und Salz dazugeben, abdecken und zum Kochen bringen. Für 10 Min bei mittlerer Hitze garen, dabei immer wieder umrühren.
3. Dann den Deckel entfernen und nochmal für 4-5 Min kochen lassen. Das Wasser sollte vollständig verdampft sein.
4. Anschließend nochmal für 4 Min garen, dabei ständig umrühren. Die Rüben sollten von allen Seiten karamellisiert sein.
5. Währenddessen Petersilienblätter abzupfen und kleinhacken. Vor dem Servieren unter die Rüben mischen.

Brote und Brötchen

Glutenfreie Ernährung und Brote beziehungsweise Brötchen sind ein Widerspruch? Wer das denkt, irrt gewaltig! Denn es gibt unzählige Möglichkeiten, wie man Brote und Brötchen glutenfrei zubereiten kann. Selbstverständlich gibt es mittlerweile auch viele glutenfreie Backwaren zu kaufen. Doch nicht nur, dass das Backen von vielen als eine meditative Tätigkeit angesehen wird, es hat noch einen weiteren entscheidenden Vorteil: Man weiß ganz genau, welche Zutaten sich im Brot beziehungsweise im Brötchen befinden. Und ganz frisch selbst zubereitet schmeckt sowieso alles nochmal viel besser.

Brötchen mit Basilikum und getrockneten Tomaten

Fertig in: 1 Std

Portionen: 8

Nährwerte: Energie 263 kcal; Eiweiß 2 g; Fett 9 g; Kohlenhydrate 43 g

Zutaten:

- 100 g Maisstärke
- 200 g Reismehl
- 100 g Kartoffelmehl
- 60 g getrocknete Tomate in Öl (abgetropft)
- 50 g flüssige Butter
- 1 Handvoll Basilikumblätter
- 2 EL Reismehl zum Bearbeiten
- 1 ½ Päckchen Backpulver (glutenfrei)
- 2 EL Apfelessig
- 1 TL Salz
- 2 ½ TL Guarkernmehl

Zubereitung:

1. Die getrockneten Tomaten kleinschneiden. Basilikumblätter kleinhacken.
2. In einer Schüssel Backpulver, Maisstärke, alle Mehle (außer die 2 EL Reismehl) und Salz miteinander vermischen. Außerdem 375 ml Wasser, Butter und Essig miteinander vermischen und ebenfalls in die Schüssel geben. So lange verarbeiten, bis ein gut formbarer Teig entsteht. Dabei auch Basilikum und Tomaten einarbeiten.
3. Den Teig in 8 Portionen zerteilen und mit der Hilfe von ein wenig Reismehl zu Brötchen formen. Backblech mit Backpapier auslegen und die Brötchen darauf verteilen.
4. Backofen auf 200 °C Ober-/ Unterhitze (Umluft 180 °C; Gas: Stufe 3) vorheizen und die Brötchen darin für etwa 30 Min backen. Dann auf einem Kuchengitter auskühlen lassen.

Cornbread

Fertig in: 55 Min

Portionen: 15

Nährwerte: Energie 232 kcal; Eiweiß 4 g; Fett 10 g; Kohlenhydrate 33 g

Zutaten:

- 40 g Rohrohrzucker
- 300 g glutenfreies Mehl
- 500 ml Milch
- 125 g Sauerrahm-Butter
- 250 g feiner Maisgrieß
- 2 EL Zitronensaft
- 2 TL glutenfreies Backpulver
- 2 Eier
- 1 ½ TL Natron
- 1 TL Salz
- Pfeffer

Zubereitung:

1. Zitronensaft und Milch vermischen und für 15 Min stehen lassen.
2. Butter langsam schmelzen und dann wieder ein wenig abkühlen lassen. 2 EL davon auf die Seite stellen.
3. Backpulver, Natron, Zucker, Mehlmix, Maisgrieß, Salz und Pfeffer vermischen.
4. In einer großen Schüssel die Eier verquirlen. Dann die Milchmischung und die flüssige Butter dazugeben. Die Mehlmischung hinzufügen und verrühren bis ein glatter Teig entsteht.
5. Backpapier auf ein Backblech geben und den Teig darauf verteilen, glatt streichen.
6. Backofen auf 200 °C Ober-/ Unterhitze (Umluft 180 °C; Gas: Stufe 3) vorheizen und das Cornbread darin für 15 Min backen.
7. Dann in 15 Stücke schneiden und die Oberfläche mit der Butter, die auf die Seite gestellt wurde, bestreichen. Nochmal für 15 Min in den Backofen geben.

Chia-Buchweizen-Brot

Fertig in: 1 Std 40 Min

Portionen: 12 Scheiben

Nährwerte: Energie 124 kcal; Eiweiß 3 g; Fett 6 g; Kohlenhydrate 15 g

Zutaten:

- 300 g Buchweizenmehl
- 40 g Chiasamen
- 60 ml Rapsöl
- 3 TL Backpulver
- 1 ½ TL Salz
- 35 g Sonnenblumenkerne

Zubereitung:

1. 240 ml Wasser und Chiasamen in eine Schüssel geben und für 20 Min quellen lassen. Es sollte eine gelartige Konsistenz haben.
2. Backofen auf 180 °C Ober-/ Unterhitze vorheizen. Eine Kastenform (20 cm) mit Backpapier auslegen und das Backpapier leicht über die Seiten stehen lassen.
3. Backpulver, Buchweizenmehl und Salz miteinander vermischen. Rapsöl, 160 ml Wasser und die Chiasamen dazugeben und für kurze Zeit zu einem Teig verrühren.
4. Den Teig in die Backform füllen und glattstreichen. Die Sonnenblumenkerne darauf verteilen.
5. Die Backform für etwa 1 Std 10 Min in den Backofen geben. Dann komplett abkühlen lassen und mithilfe des überstehenden Backpapiers vorsichtig aus der Form nehmen. In Scheiben schneiden und servieren.

Brot mit Leinsamen

Fertig in: 2 Std 15 Min (Zubereitung 30 Min)

Portionen: 20 Scheiben

Nährwerte: Energie 103 kcal; Eiweiß 2 g; Fett 0,8 g; Kohlenhydrate 21 g

Zutaten:

- 30 g Leinsamen
- 30 g Flohsamenschalen
- 500 g glutenfreies Mehl (z.B. Buchweizenmehl)
- 500 ml lauwarmes Wasser
- ½ Würfel frische Hefe
- 1 EL weißer Balsamico Essig
- 1 TL Kokosblütenzucker
- 1 TL Butter
- 1 TL Salz

Zubereitung:

1. Die Hefe in 500 ml lauwarmes Wasser geben und auflösen lassen.
2. Flohsamenschalen, Mehl, Kokosblütenzucker, Leinsamen, Salz und Essig vermischen. Eine Mulde in die Mitte drücken und die Hefemasse hineingeben.
3. Mithilfe der Knethaken von einem elektrischen Handrührgerät alles zu einem glatten Teig verarbeiten. Abdecken und an einen warmen Ort stellen. Für 1 Std gehen lassen.
4. Eine Kastenform (26 cm) mit der Butter ausfetten. Den Teig in der Form verteilen und mit kaltem Wasser bestreichen. Mithilfe eines Messers einen Schlitz in das Brot schneiden.
5. Backofen auf 200 °C Ober-/ Unterhitze vorheizen und das Brot für 30-40 Min backen.
6. Das Brot herausnehmen und kurze Zeit abkühlen lassen. Aus der Kastenform stürzen und in Scheiben schneiden.

Low Carb Eiweißbrot

Fertig in: 1 Std 10 Min

Portionen: 12 Scheiben

Nährwerte: Energie 178 kcal; Eiweiß 7 g; Fett 13 g; Kohlenhydrate 7 g

Zutaten:

- 125 g Magerquark
- 3 Eier
- 125 fein gemahlene Mandeln
- 60 g Buchweizenmehl
- 60 g Kürbiskerne
- 1 EL Butter
- 2 TL Backpulver
- 1 EL Olivenöl
- 1 EL Zucker
- ½ TL Salz

Zubereitung:

1. Backofen auf 175 °C Ober-/ Unterhitze vorheizen.
2. Eier, Magerquark, Butter, Zucker, Salz und Olivenöl in eine Schüssel geben und gründlich vermischen.
3. In einer anderen Schüssel Buchweizenmehl, Backpulver, Kürbiskerne und gemahlene Mandeln miteinander vermischen.
4. Nun die beiden Mischungen miteinander zu einer homogenen Masse verrühren.
5. Eine Backform (circa 25 x 12 x 7 cm) mit Backpapier auslegen und die Masse hineinfüllen. Glattstreichen.
6. Für etwa 50 Min in den Backofen geben. Dann das Brot vorsichtig aus der Backform nehmen und für mindestens 2 Std abkühlen lassen. In Scheiben schneiden.

Samen-Nuss-Brot

Fertig in: 3 Std 15 Min (Zubereitung 20 Min)

Portionen: 1 Brot

Nährwerte (je 100 g): Energie 354 kcal; Eiweiß 12 g; Fett 25 g; Kohlenhydrate 13 g

Zutaten:

- 120 g Haferflocken
- 50 g Haselnüsse
- 50 g Mandeln
- 90 g Leinsamen
- 150 g Sonnenblumenkerne
- 35 g Chiasamen
- 20 g gemahlene Flohsamenschalen
- 2 EL Agavendicksaft
- 3 EL Olivenöl
- 1 TL Salz

Zubereitung:

1. Mandeln und Nüsse in Hälften schneiden.
2. Mandeln, Haselnüsse, Sonnenblumenkerne, Haferflocken, Leinsamen, gemahlene Flohsamenschalen, Chiasamen und Salz miteinander vermischen.
3. Agavendicksaft, Olivenöl und 400 ml Wasser dazugeben und gründlich mischen.
4. Den Teig in eine Kastenbackform geben und mit einem Tuch abdecken. Für mindestens 2 Std ruhen lassen.
5. Den Backofen auf 180 °C Umluft vorheizen und das Brot darin für 30 Min backen. Dann herausnehmen und auf ein Backblech stürzen. Nun nochmal für 45 Min in den Backofen geben.
6. Komplett abkühlen lassen und in Scheiben schneiden.

Veganes Low-Carb Brot

Fertig in: 1 Std 10 Min

Portionen: 12 Scheiben

Nährwerte: Energie kcal; Eiweiß g; Fett g; Kohlenhydrate g

Zutaten:

- 30 ml Sonnenblumenöl oder Rapsöl
- 200 g gemahlene Mandeln
- 40 g Kokosmehl
- 1 EL Apfelessig
- 1 TL Salz
- 2 TL Backpulver
- 6 EL gemahlene Flohsamenschalen
- 3 EL gemahlene Leinsamen
- Sonnenblumenkerne

Zubereitung:

1. Den Backofen auf 200 °C vorheizen. Eine Kastenform (20 cm) mit Backpapier auslegen.
2. Gemahlene Leinsamen, gemahlene Mandeln, Kokosmehl, Salz, Backpulver und Flohsamenschalen miteinander vermischen.
3. Dann Apfelessig, 320 ml warmes Wasser und Öl dazugeben und gründlich vermengen. Nun den Teig mit den Händen kneten. Für ein paar Minuten liegen lassen.
4. Den Teig vorsichtig mit den Händen zu einem Brotlaib formen. Die Hände anfeuchten und vorsichtig über die Oberfläche streichen, damit sie glatt wird.
5. Das Brot vorsichtig in die Backform geben und mit den Sonnenblumenkernen bestreuen.
6. Für 60-70 Min in den Backofen geben. Dann vorsichtig aus der Form heben und vollständig abkühlen lassen.

Saftiges Brot mit Nüssen und Gemüse

Fertig in: 2 Std 20 Min (Zubereitung 20 Min)

Portionen: 12

Nährwerte: Energie 171 kcal; Eiweiß 5 g; Fett 12 g; Kohlenhydrate 14 g

Zutaten:

- 150 g Zucchini
- 100 g Petersilienwurzel
- 150 g Pastinake
- 150 g Karotte
- 100 g gemahlene Mandeln
- 50 g Chiasamen
- 100 g Haferflocken
- 50 g Leinsamen
- 100 g Walnusskerne
- 150 g Sonnenblumenkerne
- 1 Stück Sternanis
- 4 Prisen Muskatblüte
- 1 TL Curry
- 2 TL Honig
- 2 TL Salz
- 1 TL Kümmel
- 1 TL Rosmarin
- 1 TL Koriander

Zubereitung:

1. Backofen auf 180 °C vorheizen. Eine Brotkastenform mit Backpapier auslegen.
2. Chiasamen, Haferflocken, Leinsamen, gemahlene Mandeln und Sonnenblumenkerne vermischen.
3. Walnusskerne kleinhacken und zu der Mischung geben.
4. Anis im Mörser sehr fein zerkleinern. Rosmarin kleinschneiden. Beides zusammen mit Kümmel, Muskatblüte, Koriander, Curry, Honig und Salz dazugeben.
5. 300 ml Wasser zum Teig geben. Zucchini, Petersilienwurzel, Pastinaken und Karotten kleinhacken und dazugeben und gründlich vermischen.
6. Den Teig in die Kastenform füllen und glattstreichen.
7. Für etwa 2 Std in den Backofen geben, dann vorsichtig aus der Form lösen und vollständig abkühlen lassen.

Kurkuma Brötchen

Fertig in: 1 Std

Portionen: 6

Nährwerte: Energie 211 kcal; Eiweiß 8 g; Fett 8 g; Kohlenhydrate 25 g

Zutaten:

- 25 g geschrotete Leinsamen
- 75 g Maismehl
- 25 g Sojamehl
- 70 g Buchweizenmehl
- 55 g Quinoamehl
- 1 Päckchen Trockenhefe
- 1 TL Guarkernmehl
- 2 EL Sesam
- ½ TL Kurkuma
- 1 EL Sonnenblumenöl
- 1 TL Zuckerrübensirup
- 1 EL Sonnenblumenkerne
- 1 ½ TL Salz
- 1 Prise Kardamom
- 1 Prise Kreuzkümmel

Zubereitung:

1. Hefe, Salz, Leinsamen und die Mehle vermischen. Dann Öl, Zuckerrübensirup und 180 ml lauwarmes Wasser dazugeben. Kneten bis ein geschmeidiger Teig entsteht – am besten für 5-10 Min. Falls nötig noch ein wenig Buchweizenmehl hinzufügen.
2. Nun Sonnenblumenkerne und Sesam dazugeben und verkneten.
3. Den Teig in 6 gleich große Teile zerteilen. Die Hände anfeuchten und zu Brötchen formen.
4. Backpapier auf ein Backblech geben und die Brötchen darauf verteilen. Mithilfe eines Messers ein Kreuz in die Brötchen schneiden. Je nach Belieben noch mit Körnern bestreuen.
5. Ein Geschirrtuch anfeuchten und dieses für 20-30 Min auf den Teig legen.
6. Backofen auf 250 °C Ober-/Unterhitze vorheizen und die Brötchen darin für circa 15 Min backen.

Laugenbrötchen

Fertig in: 1 Std 20 Min (Zubereitung 40 Min)

Portionen: 12

Nährwerte: Energie 202 kcal; Eiweiß 2 g; Fett 4 g; Kohlenhydrate 38 g

Zutaten:

- 10 g Flohsamenschalen
- 500 g glutenfreie Mehlmischung
- 50 g Hefe
- 2 EL Natron
- 3 EL Sesam
- 3 EL Olivenöl
- 2 EL Obstessig
- 1 TL Zucker
- 2 TL Salz

Zubereitung:

1. 420 g Wasser in eine Schüssel geben und die Flohsamenschalen darin für 10 Min einweichen lassen. Dann die zerbröselte Hefe dazugeben. Mit dem Schneebesen so lange aufschlagen, bis die Hefe vollständig aufgelöst ist.
2. Nun Obstessig, Öl, Zucker und Salz dazugeben und mithilfe eines Mixers für mindestens 8 Min durchkneten.
3. Ein Backblech mit Backpapier auslegen. Die Hände bemehlen und aus dem Teig 12 Brötchen formen. Diese auf dem Backblech verteilen.
4. Ein Küchentuch anfeuchten und auf die Brötchen legen. Für 30 Min bei 30 °C in den Backofen geben.
5. Wasser zum Kochen bringen und Natron darin auflösen lassen. Nun mit einem Pinsel großzügig auf die Brötchen auftragen. Die Brötchen mit einem Messer kreuzweise einschneiden. Den Sesam darauf verteilen.
6. Brötchen für 25-30 Min im Backofen bei 180 °C Umluft auf der mittleren Schiene backen.

Brötchen

Fertig in: 40 Min (Zubereitung 15 Min)

Portionen: 12

Nährwerte: Energie 179 kcal; Eiweiß 3 g; Fett 2 g; Kohlenhydrate 36 g

Zutaten:

- 500 g glutenfreie Mehlmischung
- 1,5 Päckchen Backpulver
- 1 EL Mohn
- 1 EL Sonnenblumenkerne
- 1 EL Sesam
- 2 EL Rapsöl
- 1 TL Zucker
- 1 Prise Salz

Zubereitung:

1. Backofen auf 220 °C Ober-/ Unterhitze vorheizen. Backblech mit Backpapier auslegen.
2. Zucker, Salz, Backpulver und Mehl vermischen. Dann Öl und 400 ml Wasser unterrühren und gründlich durchkneten.
3. Den Teig zu 12 Kugeln formen und auf dem Backblech verteilen. Die Brötchen mithilfe eines Messers kreuzweise einritzen.
4. Mit Mohn, Sonnenblumenkernen und Sesam bestreuen.
5. Für 20-25 Min im Backofen backen.

Brötchen mit Haferflocken und Karotten

Fertig in: 3 Std 20 Min (Zubereitung 20 Min)

Portionen: 4

Nährwerte: Energie 243 kcal; Eiweiß 4 g; Fett 7 g; Kohlenhydrate 40 g

Zutaten:

- 75 g Karotten
- 50 g Maisstärke
- 50 g Leinsamenmehl
- 150 g glutenfreies Hafermehl
- 1 Packung Trockenhefe
- 1 TL Ahornsirup
- 1 EL Olivenöl
- 1 TL Guarkernmehl
- 15 g Flohsamenschalen
- 5 g Salz
- Etwas Haferflocken

Zubereitung:

1. 250 ml warmes Wasser in eine Schale geben. Ahornsirup und Hefe hineingeben und auflösen. Die Karotte fein reiben.
2. Guarkernmehl, Hafermehl, Maisstärke und Flohsamenschalen vermischen. Dann Olivenöl und die Hefemischung dazugeben und verkneten, bis ein homogener Teig entsteht. Nun die Karotten unterrühren.
3. Den Teig mit einem Küchentuch abdecken und für 2 Std gehen lassen.
4. Den Backofen auf 50 °C vorheizen und ein Backblech mit Backpapier belegen.
5. Den gegangenen Teig nochmal kurz durchkneten und dann in 4 Portionen aufteilen. Zu Brötchen formen, leicht anfeuchten und Haferflocken darauf streuen.
6. Die Brötchen für 30 Min in den Backofen geben, dann herausnehmen und den Backofen auf 200 °C vorheizen. Nun die Brötchen auf mittlerer Schiene für etwa 30 Min backen.

Kräuterbrötchen

Fertig in: 2 Std (Zubereitung 25 Min)

Portionen: 10

Nährwerte: Energie 222 kcal; Eiweiß 1 g; Fett 5 g; Kohlenhydrate 43 g

Zutaten:

- 515 g glutenfreie Mehlmischung
- 1 Päckchen Trockenhefe
- 4 ½ EL Olivenöl
- ½ TL Rohrohrzucker
- 2 TL getrocknete Kräuter der Provence
- 1 TL Salz

Zubereitung:

1. 275 ml Wasser lauwarm erhitzen.
2. Kräuter, Salz, Zucker, Hefe und 500 g Mehlmischung vermischen. Dann das lauwarme Wasser sowie das Öl dazugeben und für etwa 5 Min mithilfe der Knethaken eines Handrührgeräts zu einem Teig verkneten.
3. Mit einem Geschirrtuch abdecken, an einen warmen Ort stellen und für etwa 1 Std gehen lassen.
4. Hände anfeuchten und den Teig zu 10 Brötchen formen. Dazu am besten die Arbeitsfläche mit dem übrigen Mehl einstäuben.
5. Backofen auf 170 °C Ober-/ Unterhitze vorheizen und ein Backblech mit Backpapier auslegen. Die Brötchen darauf verteilen und mithilfe eines Messers kreuzförmig einritzen. Nochmal für 15 Min ruhen lassen.
6. Für etwa 25 Min in den Backofen geben und anschließend auskühlen lassen.

Kuchen und Torten

Geburtstage, Weihnachten oder andere Feste – es gibt unzählige Momente, in denen man einen Kuchen oder eine Torte nascht. Leidet man unter einer Glutenunverträglichkeit, kann dies schnell zum Problem werden. Denn wenn man auf ein Fest eingeladen ist, weiß man ja nie so genau, was in dem Kuchen alles drinsteckt. Um nun nicht zu riskieren, aus Versehen Gluten zu essen, verzichtet man dann lieber auf die leckere Nascherei.

Umso besser ist es, dass es immer gut kommt, wenn man selbst eine Torte oder einen Kuchen backt und diesen zum Fest mitbringt. So kannst du zwei Fliegen mit einer Klappe schlagen: Nicht nur, dass du den Gastgebern eine Freude bereitest, sondern du kannst dir zudem sicher sein, dass in deinem Gebäck kein Gluten enthalten ist, weshalb du nach Herzenslust naschen kannst. Und wer weiß, vielleicht ist bei den folgenden Rezepten ja sogar dein neuer Lieblingskuchen dabei.

Schokokuchen mit Beeren

Fertig in: 1 Std 25 Min

Portionen: 12

Nährwerte: Energie 366 kcal; Eiweiß 9 g; Fett 29 g; Kohlenhydrate 16 g

Zutaten:

- 5 Eier
- 150 g Magerquark
- 150 g weiche Butter
- 100 g Vollrohrzucker
- 50 g Kakaopulver
- 200 g Frischkäse
- 100 g gemahlene Haselnüsse
- 1 Limette
- 300 g gemischte Beeren (z.B. Erdbeeren, Johannisbeeren, Himbeeren, Blaubeeren)
- 200 ml Schlagsahne
- 40 g Puderzucker aus Rohrohrzucker
- 4 EL Milch
- 1 TL Zimt

Zubereitung:

1. Die Eier trennen. Eiweiße steif schlagen, währenddessen die halbe Menge des Zuckers hineingeben.
2. Den übrigen Zucker und die Butter zu einer Creme schlagen, dann die Eigelbe dazugeben. Milch, Zimt und Quark hinzufügen. Dann Kakao und Nüsse unterrühren. Zuletzt den Eischnee unterheben.
3. Backpapier in eine Springform legen. Den Kuchenteig hineingeben.
4. Backofen auf 200 °C Ober-/ Unterhitze (Umluft 180 °C; Gas: Stufe 3) vorheizen und den Kuchen darin für circa 40 Min backen. Falls der Kuchen zu braun wird, gegen Ende hin mit einer Alufolie abdecken. Dann aus dem Ofen nehmen und abkühlen lassen.
5. Für die Zubereitung des Belags Saft der Limette auspressen. Mit dem Frischkäse vermischen und den Puderzucker unterrühren. Die Sahne steif schlagen und dazugeben.
6. Den Kuchen aus der Form lösen. Mit der Creme bestreichen.
7. Die Beeren verlesen und falls nötig kleiner schneiden. Auf dem Kuchen verteilen.

Zucchini-Blaubeer-Muffins

Fertig in: 45 Min

Portionen: 12

Nährwerte: Energie 141 kcal; Eiweiß 3 g; Fett 1 g; Kohlenhydrate 30 g

Zutaten:

- 250 g Blaubeeren
- 350 g Zucchini
- 120 g griechischer Joghurt
- 1 Zitrone
- 2 Eier
- 240 g Honig
- 200 g glutenfreies Mehl
- 2 TL Vanilleextrakt
- 1 ½ TL Zimt
- 1/3 TL Muskat
- 1 TL Backpulver
- ¼ TL Natron
- ½ TL Salz

Zubereitung:

1. Zimt, Muskat, Backpulver, Salz, Natron und Mehl vermischen.
2. Zitrone heiß abwaschen und trockentupfen. Schale abreiben und mit dem Honig vermischen.
3. Die Eier mit Vanille-Extrakt und Joghurt vermischen. Die Honigmischung dazugeben und dann die Mehlmischung hinzufügen.
4. Zucchini kleinraspeln. Zusammen mit den Blaubeeren unter den Teig heben.
5. Den Teig auf Muffinförmchen verteilen. Backofen auf 180 °C Ober-/ Unterhitze (Umluft 160 °C; Gas: Stufe 2-3) vorheizen und die Muffins darin für 25-30 Min backen.

Schoko Torte

Fertig in: 1 Std 10 Min (Zubereitung 20 Min)

Portionen: 10

Nährwerte: Energie 274 kcal; Eiweiß 4 g; Fett 10 g; Kohlenhydrate 49 g

Zutaten:

- 90 g Buchweizenmehl
- 90 g Hafermehl
- 60 g Kakaopulver
- 30 g Maisstärke
- 50 g Kokosblütenzucker
- 30 g Apfelmus
- 60 ml Ahornsirup
- 310 ml Pflanzenmilch
- 100 g Rohrohrzucker
- 7,5 ml Apfelessig
- 3 TL Backpulver
- ¼ TL Xanthan Gum
- ½ TL Bourbon Vanille (gemahlen)
- 2 Prisen Salz
- ½ Tasse Kokosnusscreme
- 220 g dunkle Schokolade

Zubereitung:

1. Backofen auf 175 °C Umluft vorheizen. 2 Springformen (20 cm Durchmesser) mit Backpapier auslegen.
2. Buchweizenmehl, Hafermehl, Maisstärke, Kokosblütenzucker, Kakaopulver und Rohrohrzucker mithilfe eines Schneebesens vermischen.
3. In einer anderen Schüssel Backpulver, Apfelessig und Pflanzenmilch vermischen, sodass die Flüssigkeit leicht schäumt. 70 g Schokolade schmelzen und zusammen mit 30 ml Ahornsirup, Apfelmus und 1 Prise Salz dazu mischen.
4. Die flüssige Mischung zu den trockenen Zutaten geben und zu einem gleichmäßigen Teig verrühren. Je nach Konsistenz unter Umständen noch etwas Milch beziehungsweise Mehl dazugeben. Für eine bessere Bindung Xanthan Gum unterrühren.
5. Nun den Teig in die Formen füllen und für 20 Min in den Backofen geben.
6. Inzwischen das Frosting zubereiten. Dazu 150 g Schokolade schmelzen und zusammen mit 30 ml Ahornsirup, Kokosnusscreme und Salz verrühren. In den Kühlschrank stellen.
7. Tortenböden aus dem Ofen nehmen und vollständig abkühlen lassen.
8. Dann vorsichtig aus den Formen lösen und einen der Böden auf eine Kuchenplatte geben. Die halbe Menge des Frostings darauf verteilen und mit dem zweiten Boden abdecken. Das übrige Frosting darauf streichen.
9. Am besten schmeckt die Torte, wenn sie noch eine Weile ziehen kann.

Pingui Torte

Fertig in: 4 Std

Portionen: 12

Nährwerte: Energie 466 kcal; Eiweiß 11 g; Fett 38 g; Kohlenhydrate 5 g

Zutaten:

Boden:

- 2 EL Kakao
- 50 ml Milch
- 4 Eier
- 200 g gemahlene Mandeln
- 100 g Xylit
- ½ Päckchen Backpulver
- 2 EL Kokosmehl
- Sahnecreme:
- 50 g Xylit
- 300 ml Sahne
- 250 g Mascarpone
- 150 g Quark
- ½ Vanilleschote

Schokoschicht:

- 15 g Butter
- 50 g Crème fraîche
- 50 g Schokolade
- Glasur:
- 80 g Butter
- 150 g Schokolade

Zubereitung:

1. Die Eier trennen. Das Eiweiß steif schlagen.
2. Die übrigen Zutaten für den Boden in eine Schüssel geben und zu einem Teig vermischen. Nun vorsichtig das Eiweiß unterheben.
3. Eine Springform (18 cm) mit Backpapier auskleiden und den Teig hineingeben. Für etwa 30 Min in den Backofen geben und dann auskühlen lassen. In der Mitte durchschneiden.
4. Für die Zubereitung der Sahnecreme die Sahne steif schlagen. Die übrigen Zutaten vermischen und nun die Sahne unterheben. Die halbe Menge davon auf dem Biskuitteig verteilen.
5. Butter und Schokolade schmelzen und mit Crème fraîche vermischen. Auf der Sahneschicht verteilen. Für 15 Min in den Kühlschrank stellen.
6. Nun den Rest der Sahnemasse auf der Torte verteilen (am besten ein wenig von der Masse zum Verzieren aufheben)
7. Den zweiten Biskuitteig darauf geben und die Torte für 2-3 Std in den Kühlschrank stellen.
8. Für die Glasur Butter und Sahne schmelzen und damit die Torte verzieren. Wenn die Glasur hart ist, mit der übrigen Sahnecreme verzieren.

Schneller Schokoladenkuchen

Fertig in: 30 Min

Portionen: 1 Kuchen

Nährwerte: Energie 4266 kcal; Eiweiß 60 g; Fett 284 g; Kohlenhydrate 373 g

Zutaten:

- 5 Eier
- 200 g Schokolade (mit 70% Kakao)
- 250 g Zucker
- 200 g Butter
- 1 EL glutenfreies Mehl
- Etwas Fett

Zubereitung:

1. Backofen auf 190 °C vorheizen.
2. Butter und Schokolade über einem Wasserbad schmelzen. Dann den Zucker einrühren, bis er vollständig aufgelöst ist.
3. Etwas abkühlen lassen und die Eier einrühren. Am Ende das Mehl untermischen.
4. Eine Springform einfetten und den Teig hineingeben.
5. Für etwa 20 Min in den Backofen geben. Der Kuchen darf in der Mitte gerne noch etwas flüssig sein.

Schwedische Mandeltorte

Fertig in: 35 Min

Portionen: 8

Nährwerte: Energie 228 kcal; Eiweiß 10 g; Fett 20 g; Kohlenhydrate 31 g

Zutaten:

Böden:

- 150 g Erythrit
- 50 g gemahlene Mandeln
- 50 g Mandelmehl
- 4 Eiweiß

Füllung:

- 400 ml Milch
- 2 Eigelb
- 100 g Butter
- 50 g gehobelte Mandeln
- 50 g Erythrit
- 30 g Speisestärke
- ½ TL gemahlene Bourbon Vanille

Zubereitung:

1. Für die Zubereitung der Füllung Erythrit mit den Eigelben für mehrere Min aufschlagen. Dann Vanille und Stärke hineingeben und nochmal durchrühren.
2. Die Milch aufkochen, dann die Eigelbmasse einrühren und nochmal zum Kochen bringen.
3. Die Füllung nun in eine Schüssel füllen, mit Frischhaltefolie bedecken und komplett abkühlen lassen.
4. Die Butter aufschlagen und dann löffelweise in die Füllung einrühren.
5. Gehobelte Mandeln in einer Pfanne ohne Fett anrösten und abkühlen lassen.
6. 2 Springformen (18 cm) mit Backpapier auslegen und den Backofen auf 200 °C Umluft vorheizen.
7. Für die Zubereitung der Böden Erythrit und Eiweiße steif schlagen und Mandelmehl und gemahlene Mandeln unter das Eiweiß heben.
8. Den Teig gleichmäßig auf die beiden Springformen aufteilen und für 15 Min in den Backofen geben.
9. Die Böden abkühlen lassen. Etwa 1/3 der Füllung auf einem der Böden verteilen. Dann den zweiten Boden darauf geben und die übrige Creme auf dem Boden sowie außen rum verteilen.
10. Mit den gerösteten Mandeln garnieren.

Zitronen Avocado Torte

Fertig in: 2 Std 20 Min (Zubereitung 20 Min)

Portionen: 12

Nährwerte: Energie 294 kcal; Eiweiß 4 g; Fett 27 g; Kohlenhydrate 3 g

Zutaten:

Boden:

- 60 g Butter
- 25 g Erythrit
- 25 g Xylit
- 50 g gehackte Walnüsse
- 100 g gemahlene Mandeln

Creme:

- 50 g Erythrit
- 50 g Xylit
- 150 ml Zitronensaft
- 5 Avocado
- 2 ½ EL Kokosöl
- 2 TL Zitronenzesten
- Garnitur:
- Kokosraspeln

Zubereitung:

1. Butter schmelzen. Erythrit und Xylit zu feinem Puder mahlen.
2. Xylit und Erythrit, Butter, gehackte Walnüsse und gemahlene Mandeln zu einem Teig vermischen. In einer Springform gleichmäßig verteilen und festdrücken.
3. Mit Frischhaltefolie bedecken und in den Gefrierschrank stellen.
4. Fruchtfleisch der Avocados sowie die übrigen Zutaten für die Creme in einen Mixer geben und zu einer cremigen Masse pürieren.
5. Die Creme auf dem Boden verteilen und glattstreichen. Nochmal mit Frischhaltefolie bedecken und für 2 Std in den Gefrierschrank geben.
6. Mit den Kokosraspeln bestreuen.

Mohnkuchen

Fertig in: 50 Min (Zubereitung 20 Min)

Portionen: 12

Nährwerte: Energie 293 kcal; Eiweiß 7 g; Fett 24 g; Kohlenhydrate 14 g

Zutaten:

- 5 Eier
- 100 g gemahlene Haselnüsse
- 150 g Mohn
- 100 g Zucker
- 160 g Butter
- 1 Packung Vanillepuddingpulver
- 2 EL Milch
- 1 EL Puderzucker
- 1 EL Rum
- 1 Prise Salz

Zubereitung:

1. Mohn mahlen. Die Eiweiße steif schlagen.
2. Butter, Haselnüsse, Mohn, Milch, Zucker, Eigelbe, Puddingpulver, Rum und Salz vermischen. Nun das Eiweiß unterheben.
3. Eine Springform (Durchmesser 24 cm) einfetten und den Teig hineingeben.
4. Backofen auf 175 °C vorheizen und den Kuchen auf der mittleren Schiene für 30 Min backen.

Nusskuchen

Fertig in: 50 Min

Portionen: 9

Nährwerte: Energie 195 kcal; Eiweiß 7 g; Fett 17 g; Kohlenhydrate 6 g

Zutaten:

- 30 g Kakao
- 50 g gehackte Nüsse
- 100 g gemahlene Mandeln
- 4 Eier
- 100 g gemahlene Haselnüsse
- 120 g Erythrit
- 2 TL Natron
- 3 EL Milch

Zubereitung:

1. Backofen auf 180 °C vorheizen. Backform mit Backpapier auslegen.
2. Eine kleine Handvoll der gehackten Nüsse auf die Seite stellen. Die übrigen Zutaten in einer Schüssel mit einem Rührgerät gründlich miteinander vermischen.
3. Den Teig in die Backform geben. Mit den gehackten Nüssen bestreuen.
4. Für 40-50 Min in den Backofen geben.

Joghurt-Orangen-Kuchen

Fertig in: 1 Std 10 Min (Zubereitung 20 Min)

Portionen: 12

Nährwerte: Energie 390 kcal; Eiweiß 6 g; Fett 29 g; Kohlenhydrate 21 g

Zutaten:

- 4 Eier
- ½ Bio-Orange
- 40 g Haselnüsse
- 2 Äpfel
- 320 g gemahlene Haselnüsse
- 150 g brauner Zucker
- 125 g weiche Butter
- 30 g Proteinpulver
- 2 EL braunes Mandelmus
- 2 EL griechischer Sojajoghurt
- 2 TL Zimt
- 2 TL Backpulver
- 2 EL Zitronensaft
- 1 Prise Salz
- Etwas Puderzucker

Zubereitung:

1. Backofen auf 180 °C Ober-/ Unterhitze (Umluft 160 °C) vorheizen. Backblech mit Backpapier auslegen und die Haselnüsse darauf verteilen. Für 10 Min zum Rösten in den Backofen geben. Danach abkühlen lassen, den Ofen anlassen.
2. Währenddessen die Orange mit heißem Wasser abwaschen, trocknen und fein die Schale abreiben. Dann den Saft auspressen. Äpfel in Viertel und dann fein in Spalten schneiden. Den Zitronensaft darauf träufeln.
3. Proteinpulver, gemahlene Nüsse, Salz, Zimt und Backpulver vermischen.
4. Zucker und Butter mithilfe eines Rührgeräts für etwa 5 Min cremig rühren. Dann Schritt für Schritt die Eier unterrühren. Nun abwechselnd die Proteinmischung, den Joghurt und den Orangensaft einrühren.
5. Eine Springform (Durchmesser 26 cm) mit Backpapier auslegen und den Teig gleichmäßig darin verteilen.
6. Die Apfelspalten gleichmäßig auf dem Teig verteilen und für 40-50 Min in den Backofen geben.
7. Währenddessen die gerösteten Haselnüsse in ein Geschirrtuch wickeln und mit etwas Druck die Häute abrubbeln. Dann grob die Nüsse hacken.
8. Den fertigen Kuchen abkühlen lassen und mit Mandelmus, den Nüssen sowie Puderzucker garnieren.

Käsekuchen

Fertig in: 1 Std 20 Min (Zubereitung 20 Min)

Portionen: 16

Nährwerte: Energie 581 kcal; Eiweiß 25 g; Fett 47 g; Kohlenhydrate 10 g

Zutaten:

Boden:

- 30 g Xylit
- 60 g Butter
- 1 Ei
- 50 g Mandelmehl
- 150 g gemahlene Mandeln

Füllung:

- 60 g Xylit
- 1 Vanilleschote
- 100 g Frischkäse
- 750 g Magerquark
- 3 Eier
- Salz

Zubereitung:

1. Für den Boden Xylit, Butter, Ei, Mandelmehl und die gemahlenen Mandeln vermischen sodass ein geschmeidiger Teig entsteht.
2. Eine Springform mit Backpapier auslegen und den Teig hineingeben. Für 10 Min zum Vorbacken in den Ofen geben.
3. Für die Füllung etwas Salz zum Eiweiß geben und steif schlagen.
4. Die übrigen Zutaten miteinander vermischen und dann nach und nach das Eiweiß unterheben.
5. Die Füllung auf dem Boden verteilen und für 50 Min bei 170 °C in den Backofen geben.

Zwetschgenkuchen

Fertig in: 1 Std 20 Min (Zubereitung 20 Min)

Portionen: 8

Nährwerte: Energie 178 kcal; Eiweiß 7 g; Fett 12 g; Kohlenhydrate 7 g

Zutaten:

- 350 g frische Zwetschgen
- 100 g gemahlene Mandeln
- 50 g Hanfsamen
- 40 g Erythrit
- 250 g Quark
- 50 g Banane
- 8 g Backpulver
- 1 EL gehobelte Mandeln

Zubereitung:

1. Die Banane mithilfe einer Gabel zermatschen und mit Erythrit, Backpulver und Quark vermischen, bis eine cremige Masse entsteht.
2. Die Hanfsamen mahlen und mit den gemahlenen Mandeln vermischen.
3. Die flüssigen und festen Zutaten zu einem Teig verarbeiten. Eine Springform einfetten und den Teig darin verteilen. Glattstreichen.
4. Zwetschgen in Hälften zerteilen und entsteinen. Mit der Schnittfläche nach oben auf dem Kuchenboden verteilen.
5. Backofen auf 180 °C Ober-/ Unterhitze vorheizen und den Kuchen darin für circa 60 Min backen. Herausnehmen, ein wenig abkühlen lassen und dann aus der Form lösen. Mit den gehobelten Mandeln garnieren.

Bananen-Dattel-Schoko-Kuchen

Fertig in: 1 Std 20 Min (Zubereitung 15 Min)

Portionen: 18

Nährwerte: Energie 156 kcal; Eiweiß 12 g; Fett 4 g; Kohlenhydrate 16 g

Zutaten:

- 3 Eier
- 50 g Backkakao
- 200 g Medjoul Datteln
- 200 g Bananen
- 200 g weißes Mandelmehl
- 2 TL Backpulver

Zubereitung:

1. Datteln entkernen. Wasser zum Kochen bringen und die Datteln für 30 Min hineinlegen. Dann die Datteln abgießen und dabei 250 ml des Wassers auffangen.
2. 200 ml des Dattelwassers zusammen mit den Datteln in einen Mixer geben und zu einer feinen Masse pürieren.
3. Die Dattelmasse mit den übrigen Zutaten in eine Schüssel geben und mithilfe einer Küchenmaschine zu einem geschmeidigen Teig vermischen. Falls nötig noch etwas Dattelwasser dazugeben.
4. Backofen auf 180 °C Ober-/ Unterhitze vorheizen. Eine 18er Springform mit Backpapier auslegen und den Teig hineingeben.
5. Den Kuchen für 30-40 Min in den Backofen geben.

Suppen

Suppen können sehr vielfältig eingesetzt werden. Ist man krank, sind Suppen häufig das Einzige was man essen möchte. Hat man keinen großen Hunger, empfiehlt es sich, eine Suppe zuzubereiten. Und möchte man ein mehrgängiges Menü zubereiten, dann darf eine Suppe selbstverständlich nicht fehlen.

Suppen können sehr vielfältig sein, und der große Vorteil dabei ist, dass in den meisten Fällen sehr viel Gemüse enthalten ist. So kann man beispielsweise auch Kinder, welche man normalerweise zum Gemüseessen zwingen muss, leicht „überlisten", indem man das Gemüse einfach in einer leckeren Suppe versteckt. Und auf den Gedanken, dass die folgenden Suppen glutenfrei sind, wird sicherlich niemand kommen, wenn er sie probiert.

Linsen-Gemüse-Eintopf

Fertig in: 25 Min

Portionen: 2

Nährwerte: Energie 592 kcal; Eiweiß 21 g; Fett 23 g; Kohlenhydrate 74 g

Zutaten:

- 150 g TK-Erbsen
- 2 Frühlingszwiebeln
- 80 g rote Linsen
- 1 Süßkartoffel
- 1 Schalotte
- 100 g Knollensellerie
- 600 ml Gemüsebrühe
- 5 g Ingwer
- 2 EL Olivenöl
- ½ TL Currypulver
- 1 TL Harissa-Paste
- 1 EL Tomatenmark
- 4 EL Kokosmilch
- 2 TL Sonnenblumenkerne
- Salz
- Pfeffer

Zubereitung:

1. Schalotte und Ingwer schälen und kleinhacken. Sellerie und Süßkartoffel abschälen und klein würfeln.
2. In einem Topf 1 EL Öl erhitzen und Sellerie, Süßkartoffel, Schalotte und Ingwer hineingeben. Für 5 Min bei mittlerer Hitze andünsten. Dann Currypulver, Tomatenmark, Harissa und Linsen hineingeben und für weitere 4 Min dünsten.
3. Mit Gemüsebrühe ablöschen. Salzen und pfeffern. Für circa 15 Min köcheln lassen. Dann 2 EL Kokosmilch hineingeben.
4. In einer Pfanne das übrige Öl erhitzen. Frühlingszwiebeln kleinschneiden und zusammen mit Sonnenblumenkernen und Erbsen in die Pfanne geben. Für 5 Min anbraten.
5. Suppe auf Teller geben und mit der übrigen Kokosmilch und den Erbsen garnieren.

Cashew-Dattel-Rosenkohl-Suppe

Fertig in: 4 Std 40 Min (Zubereitung 20 Min)

Portionen: 2

Nährwerte: Energie 451 kcal; Eiweiß 19 g; Fett 27 g; Kohlenhydrate 32 g

Zutaten:

- 1 Bio-Zitrone
- 500 ml Gemüsebrühe
- 300 g Rosenkohl
- 110 g Cashewkerne
- 5 Datteln (ohne Stein)
- 1 Handvoll Kräuter (z.B. Petersilie)
- Rosa Pfefferbeeren
- Salz
- Pfeffer

Zubereitung:

1. 100 g Cashewkerne zu 200 ml Wasser in eine Schüssel geben und für mindestens 4 Std einweichen lassen. Anschließend mithilfe eines Mixers cremig pürieren.
2. Währenddessen Gemüsebrühe in einem Topf erhitzen und den Rosenkohl hineingeben. Für 15-20 Min bei mittlerer Hitze garen. Abgießen und ein paar Röschen beiseitelegen.
3. Den übrigen Rosenkohl, 200 ml Wasser, Datteln und Cashewcreme zu einer cremigen Suppe pürieren.
4. Kräuter kleinhacken. Saft der Zitrone auspressen. Die Suppe mit Salz, Pfeffer und Zitronensaft abschmecken. Den auf die Seite gelegten Rosenkohl dazugeben.
5. Die Suppe auf Tellern verteilen und mit den Kräutern, rosa Pfefferbeeren und den übrigen Cashewkernen garnieren.

Lauch-Käse-Suppe mit Tofuwürfeln

Fertig in: 40 Min

Portionen: 4

Nährwerte: Energie 433 kcal; Eiweiß 21 g; Fett 35 g; Kohlenhydrate 8 g

Zutaten:

- 150 g Frischkäse
- 100 g Gouda
- 600 g Lauch
- 200 g Tofu
- 2 Knoblauchzehen
- 4 Zweige Thymian
- 2 TL Senf
- 2 EL Kokosöl
- 1 EL Essig
- 2 EL Olivenöl
- 3 EL Sojasauce

Zubereitung:

1. Tofu würfeln. Essig, Öl und Sojasauce vermischen und die Tofuwürfel darin für 30 Min marinieren.
2. Inzwischen Lauch fein in Ringe schneiden. Knoblauch kleinhacken. Blätter vom Thymian abzupfen.
3. In einem Topf 1 EL Kokosöl schmelzen und Knoblauch, Lauch und die halbe Menge des Thymians hineingeben. Für 1-2 Min bei mittlerer Hitze andünsten. Mit 300 ml Wasser ablöschen. Für circa 10 Min bei kleiner Hitze köcheln lassen. Dann Senf und Frischkäse zur Suppe geben.
4. In einer Pfanne das übrige Kokosöl erhitzen und die Tofuwürfel hineingeben. Für 5-7 Min bei mittlerer Hitze anbraten.
5. Gouda reiben und in die Suppe einrühren. Diese auf Teller verteilen und den Tofu hineingeben. Mit dem übrigen Thymian garnieren.

Fenchelsuppe

Fertig in: 40 Min (Zubereitung 15 Min)

Portionen: 4

Nährwerte: Energie 202 kcal; Eiweiß 4 g; Fett 16 g; Kohlenhydrate 11 g

Zutaten:

- 2 Knoblauchzehen
- 1 Zwiebel
- 100 g mehligkochende Kartoffeln
- 2 Knollen Fenchel
- 100 g Knollensellerie
- 100 ml Schlagsahne
- 800 ml Gemüsebrühe
- 1 EL Zitronensaft
- 2 EL Crème fraîche
- 2 EL Olivenöl
- Muskat
- Salz
- Pfeffer

1. **Zubereitung:**
2. Knoblauch und Zwiebel in kleine Würfel schneiden. Fenchelknollen in Viertel schneiden, den Strunk entfernen und den Fenchel in Würfel schneiden. Etwas Fenchelgrün für die Garnitur auf die Seite legen, den Rest davon kleinhacken. Sellerie und Kartoffeln abschälen und in Würfel schneiden.
3. Olivenöl erhitzen und Fenchel, Knoblauch und Zwiebeln darin für 1-2 Min andünsten. Dann mit Brühe ablöschen und Sellerie und Kartoffeln hinzufügen. Zum Kochen bringen und bei kleiner Hitze für etwa 20 Min köcheln lassen.
4. Nun die Suppe fein pürieren und die Sahne einrühren. Je nach Konsistenz etwas Brühe dazugeben oder noch ein wenig einköcheln lassen. Dann die Crème fraîche dazugeben und mit Muskat, Zitronensaft, Salz und Pfeffer abschmecken. Mit dem Fenchelgrün garnieren.

Kartoffel-Weißkohl-Suppe

Fertig in: 55 Min (Zubereitung 25 Min)

Portionen: 4

Nährwerte: Energie 182 kcal; Eiweiß 8 g; Fett 5 g; Kohlenhydrate 23 g

Zutaten:

- 600 g Weißkohl
- 400 g rotschalige Kartoffeln
- 1 Zwiebel
- 200 ml Milch
- 600 ml Gemüsebrühe
- 40 g Katenschinken
- 2 EL Schnittlauchröllchen
- Butter
- Muskat
- Salz
- Pfeffer

Zubereitung:

1. Kartoffeln abwaschen und kleinschneiden. Den Strunk vom Kohl entfernen und den Kohl in Stücke oder Streifen schneiden. Zwiebel kleinhacken.
2. Butter in einem Topf erhitzen und Zwiebel darin glasig dünsten. Dann mit Milch und Brühe ablöschen und Kohl und Kartoffeln hineingeben. Für 25-30 Min bei kleiner Hitze kochen. Mit Muskat, Salz und Pfeffer würzen.
3. Schinken kleinschneiden. Pfanne ohne Fett erhitzen und den Schinken darin knusprig braten. Zum Abtropfen auf Küchenpapier legen.
4. Wenn die Kartoffeln weich sind, den Topf vom Herd nehmen. Mithilfe eines Kartoffelstampfers einige Kartoffeln zerdrücken, damit die Suppe leicht sämig wird. Falls nötig noch etwas Brühe dazugeben. Mit Muskat, Salz und Pfeffer abschmecken und mit Schnittlauch und Schinken garnieren.

Gulaschsuppe nach ungarischer Art

Fertig in: 2 Std 10 Min (Zubereitung 30 Min)

Portionen: 4

Nährwerte: Energie 478 kcal; Eiweiß 37 g; Fett 25 g; Kohlenhydrate 29 g

Zutaten:

- 300 g Zwiebeln
- 400 g festkochende Kartoffeln
- 600 g Rindfleisch
- 1 rote Chilischote
- 2 rote Paprikaschoten
- 2 Knoblauchzehen
- 1 1/3 l Rindfleischbrühe
- 1 Lorbeerblatt
- 2 Stiele Majoran
- 3 Pfefferkörner
- 3 EL Tomatenmark
- 2 EL edelsüßes Paprikapulver
- 1 TL Kümmelsamen
- 2 EL Butter
- Salz
- Pfeffer

Zubereitung:

1. Fleisch kleinschneiden. Abgeschälte Kartoffeln ebenfalls kleinschneiden. Zwiebel fein in Streifen schneiden und den Knoblauch kleinhacken. Paprikaschote würfeln. Chilischote kleinhacken.
2. Butter in einem Topf erhitzen und das Fleisch portionsweise hineingeben. Bei starker Hitze von allen Seiten anbraten und mit Paprikapulver würzen. Dann herausnehmen und auf die Seite stellen.
3. Chili, Knoblauch und Zwiebeln in das Bratenfett geben und anbraten. Dann das Tomatenmark dazugeben und mit der Fleischbrühe ablöschen. Das Fleisch wieder hineingeben und für circa 1 ½ Std bei mittlerer Hitze schmoren lassen.
4. Pfefferkörner, Kümmelsamen und Lorbeerblatt in einen Teefilter geben und nach Ablauf von etwa 1 Std in den Topf geben. Außerdem Kartoffeln und Paprika dazugeben. Nach Ablauf der Garzeit die Gewürze entfernen und die Suppe mit Salz und Pfeffer abschmecken. Auf Teller verteilen. Majoranblätter abzupfen und die Suppe damit garnieren.

Zucchinisuppe mit Kartoffeln und Pfifferlingen

Fertig in: 45 Min

Portionen: 4

Nährwerte: Energie 265 kcal; Eiweiß 6 g; Fett 16 g; Kohlenhydrate 23 g

Zutaten:

- 300 g Zucchini
- 1 Zwiebel
- 500 g festkochende Kartoffeln
- 1 Knoblauchzehe
- 150 g frische Pfifferlinge
- 100 g saure Sahne
- 500-750 ml Gemüsebrühe
- 2 Stiele Petersilie
- 2 EL Butter
- 2 EL Olivenöl
- Muskat
- Salz
- Pfeffer

Zubereitung:

1. Abgeschälte Kartoffeln kleinschneiden. Zucchini der Länge nach halbieren und schmal in Scheiben schneiden. Pilze putzen. Knoblauch und Zwiebel kleinhacken.
2. Butter in einem Topf zerlassen und Knoblauch und Zwiebel darin glasig dünsten. Dann Zucchini und Kartoffeln dazugeben und kurze Zeit mitdünsten. Mit der Brühe ablöschen. Mit Salz und Pfeffer würzen und für circa 10 Min bei mittlerer Hitze köcheln lassen.
3. Die halbe Menge vom Gemüse aus dem Topf nehmen und auf die Seite stellen. Dann die Suppe pürieren und saure Sahne sowie, falls nötig, Brühe einrühren. Mit Muskat würzen.
4. 2 EL Öl in einer Pfanne erhitzen und die Pilze darin von allen Seiten anbraten. Pilze sowie das Gemüse wieder zur Suppe geben und kurz erhitzen.
5. Petersilie kleinhacken und die Suppe damit garnieren.

Zucchini-Dill-Kaltschale

Fertig in: 3 Std 45 Min (Zubereitung 30 Min)

Portionen: 6

Nährwerte: Energie 67 kcal; Eiweiß 2 g; Fett 3 g; Kohlenhydrate 7 g

Zutaten:

- 200 g mehligkochende Kartoffeln
- 350 g Zucchini
- ½ Zwiebel
- 1 Bund Dill
- 2 EL saure Sahne
- 1 EL Butter
- Salz
- Pfeffer

Zubereitung:

1. Zucchini in Würfel schneiden. Geschälte Kartoffeln und Zwiebel ebenfalls würfeln. Alles in einen Topf geben und 750 ml heißes Wasser hinzufügen. Aufkochen und köcheln lassen, bis das Gemüse gar ist.
2. Währenddessen Dill kleinhacken. Etwas Dill beiseitelegen.
3. Die Suppe pürieren und die Butter sowie saure Sahne einrühren. Den Dill dazugeben und kräftig mit den Gewürzen würzen.
4. Die Suppe etwas abkühlen lassen und in den Kühlschrank stellen.
5. Die gekühlte Suppe auf Teller verteilen und mit dem Dill garnieren.

Scharfe Tomatensuppe mit Parmesan

Fertig in: 40 Min

Portionen: 4

Nährwerte: Energie 170 kcal; Eiweiß 7 g; Fett 12 g; Kohlenhydrate 8 g

Zutaten:

- 600 ml Gemüsebrühe
- 200 g passierte Tomaten
- 600 g reife Tomaten
- 1 rote Chilischote
- 2 Knoblauchzehen
- 1 Zwiebel
- 50 g Parmesan
- 3 Stiele Basilikum
- 1 TL Tomatenmark
- 3 EL Olivenöl
- Tabasco
- Salz

Zubereitung:

1. Knoblauch und Zwiebel kleinhacken. Entkernte Chilischote klein würfeln. Tomaten in Viertel schneiden, die Kerne entfernen und kleinhacken.
2. In einem großen Topf Öl erhitzen. Knoblauch, Chili und Zwiebeln hineingeben und für etwa 2 Min bei mittlerer Hitze andünsten. Dabei umrühren. Dann das Tomatenmark dazugeben und für 1-2 Min mitdünsten.
3. Frische und passierte Tomaten hinzufügen und für etwa 2 Min mitdünsten. Mit der Brühe ablöschen. Dann mit 1-2 Spritzern Tabasco und Salz würzen und für 20 Min bei mittlerer Hitze köcheln lassen. Immer wieder umrühren.
4. Währenddessen den Käse reiben. Basilikumblätter in Streifen schneiden.
5. Die Suppe zu einer feinen Masse pürieren. Dann durch ein Sieb streichen. Mit den Gewürzen abschmecken.
6. Die scharfe Tomatensuppe auf Teller verteilen und mit Basilikum und Parmesan garnieren.

Lauch-Kartoffel-Suppe

Fertig in: 50 Min (Zubereitung 30 Min)

Portionen: 4

Nährwerte: Energie 135 kcal; Eiweiß 2 g; Fett 8 g; Kohlenhydrate 10 g

Zutaten:

- 250 g mehlig kochende Kartoffeln
- 900 ml Gemüsebrühe
- ½ Stange Lauch
- 100 ml Sojasahne
- 2 EL Butter
- 1 Prise Muskatnuss
- 1 Prise Salz
- 1 Prise Pfeffer

Zubereitung:

1. Abgeschälte Kartoffeln klein würfeln. Den Lauch in Streifen schneiden.
2. Topf mit Butter erhitzen und die Kartoffelwürfel hineingeben. Für etwa 5 Min anbraten. Nun den Lauch dazugeben und für 2-3 Min anbraten.
3. Ein paar Lauchringe und Kartoffelwürfel aus dem Topf nehmen und beiseitelegen.
4. Gemüsebrühe mit in den Topf geben und mit Salz und Pfeffer würzen. Für 20 Min bei mittlerer Hitze köcheln lassen.
5. Nun die Suppe mithilfe eines Pürierstabs pürieren und mit Muskat, Salz und Pfeffer abschmecken. Die Sojasahne einrühren.
6. Vor dem Servieren mit den auf die Seite gelegten Lauchringen und Kartoffelwürfeln garnieren.

Cremige Maissuppe

Fertig in: 30 Min

Portionen: 4

Nährwerte: Energie 354 kcal; Eiweiß 11 g; Fett 14 g; Kohlenhydrate 42 g

Zutaten:

- 1 rote Paprika
- 2 Stangen Staudensellerie
- 3 Knoblauchzehen
- 400 g Kartoffeln
- 900 ml Gemüsebrühe
- 400 g Mais (vom Maiskolben)
- 1 Dose Cannellini-Bohnen
- 240 ml Kokosmilch
- ½ EL Öl
- 1 Lorbeerblatt
- ¼ TL geräuchertes Paprikapulver
- ½ TL rote Chiliflocken
- ½ TL gemahlener Kreuzkümmel
- 1 TL Zwiebelpulver
- 1 TL Salz
- Frische Kräuter
- Gemahlener Thymian
- Pfeffer

Zubereitung:

1. Sellerie, Kartoffeln und Paprika kleinschneiden. Maiskerne vom Maiskolben entfernen und etwa 100 g beiseitelegen. Knoblauch kleinhacken.
2. Öl in einem großen Topf erhitzen und Knoblauch bei mittlerer Hitze für 1-2 Min anbraten. Dann Mais, Sellerie, Paprika und Gewürze hinzufügen. Für 4 Min anbraten, hin und wieder umrühren.
3. Nun Kartoffeln, Gemüsebrühe und Lorbeerblatt dazugeben und aufkochen.
4. Hitze reduzieren und die Suppe für 10-12 Min köcheln lassen – die Kartoffeln sollten weich sein.
5. Nun das Lorbeerblatt entfernen. Cannellini-Bohnen und Kokosmilch dazugeben und die Suppe mithilfe eines Pürierstabs pürieren.
6. Nun die beiseitegelegten Maiskörner hinzufügen und die Suppe mit den Gewürzen abschmecken. Mit den frischen Kräutern garnieren.

Kartoffelsuppe

Fertig in:

Portionen: 4

Nährwerte: Energie 195 kcal; Eiweiß 3 g; Fett 12 g; Kohlenhydrate 17 g

Zutaten:

- 2 Frühlingszwiebeln
- 2 Karotten
- 400 g mehlig kochende Kartoffeln
- 700 ml Gemüsebrühe
- 2 EL Öl
- 100 ml Sahne
- Gehackte Petersilie
- Gemahlener Kümmel
- Muskat
- Salz
- Pfeffer

Zubereitung:

1. Karotten und Kartoffeln abschälen und in Würfel schneiden. Zwiebeln fein in Ringe schneiden.
2. In einem Topf Öl erhitzen und die Zwiebeln hineingeben. Andünsten. Dann Kartoffeln und Kartoffeln dazugeben, kurze Zeit mitdünsten und mit der Gemüsebrühe ablöschen.
3. Die Suppe zum Kochen bringen und abdecken. Für etwa 10 Min bei mittlerer Hitze köcheln lassen. Dann mithilfe eines Pürierstabs pürieren.
4. Die Sahne einrühren und nochmal kurz zum Kochen bringen. Mit Petersilie und den Gewürzen abschmecken.

Chicorée-Creme Suppe

Fertig in: 50 Min (Zubereitung 20 Min)

Portionen: 4

Nährwerte: Energie 492 kcal; Eiweiß 22 g; Fett 33 g; Kohlenhydrate 8 g

Zutaten:

- 1 Stange Lauch
- 150 g Knollensellerie
- 2 Karotten
- 700 g Chicorée
- 1 Gemüsezwiebel
- 1 Knoblauchzehe
- 1 Zitrone
- 50 g Butter
- 200 g Sahne
- 50 g Mandelblättchen
- 250 g Stremellachs
- 2 TL Majoran
- 2 TL Estragon
- 5 EL Apfelessig
- 2 EL Xylit

Zubereitung:

1. Pfanne ohne Fett erhitzen und die Mandelblättchen darin anrösten bis sie eine goldbraune Farbe haben.
2. Knoblauch, Lauch, Sellerie, Zwiebel und Karotten abschälen und in Würfel schneiden.
3. Butter in einem großen Topf erhitzen und das vorbereitete Gemüse hineingeben und anbraten.
4. Chicorée-Köpfe in Hälften schneiden und den Strunk entfernen. Chicorée in Streifen von 2-4 mm Breite schneiden. Dann mit in den Topf geben und mitbraten.
5. Xylit einmischen und mit dem Apfelessig ablöschen. Salzen und pfeffern. Nun 1 l Wasser dazugeben, aufkochen und für 15 Min köcheln lassen. Das Gemüse sollte schön weich sein.
6. Schale der Zitrone abreiben und den Saft auspressen.
7. Mithilfe eines Stabmixers die Suppe zu einer feinen Masse pürieren. Nun die Sahne einrühren. Zum Kochen bringen und etwa 5 Min köcheln lassen.
8. Zitronenschale und -saft, Estragon und Majoran dazugeben und salzen und pfeffern.
9. Den Stremellachs in Streifen von 2-3 mm Dicke schneiden und zur Suppe geben.
10. Mit Petersilie und Mandeln garnieren.

Zucchinisuppe mit Sonnenblumenkernen und Petersilie

Fertig in: 25 Min

Portionen: 4

Nährwerte: Energie 306 kcal; Eiweiß 10 g; Fett 23 g; Kohlenhydrate 15 g

Zutaten:

- 1 l Gemüsebrühe
- 150 g Crème fraîche
- 2 Zwiebeln
- 800 g Zucchini
- 50 g Petersilie
- 4 EL Sonnenblumenkerne
- 2 EL Rapsöl
- 1 TL Salz
- Etwas Pfeffer

Zubereitung:

1. Zucchini kleinschneiden. Zwiebeln würfeln.
2. Öl erhitzen und Zwiebeln und Zucchini andünsten. Mit der Gemüsebrühe ablöschen und für etwa 15 Min köcheln lassen.
3. Crème fraîche und Petersilie zur Suppe mischen und mithilfe eines Pürierstabs zu einer feinen Masse pürieren. Mit Salz und Pfeffer abschmecken.
4. Vor dem Servieren mit den Sonnenblumenkernen garnieren.

Aufstrich

Hast du bereits eines der vielen glutenfreien Brot- oder Brötchenrezepte ausprobiert? Dann fehlt noch etwas: Der glutenfreie Aufstrich. Selbstverständlich kann man diesen einfach im Supermarkt kaufen, doch noch besser ist es natürlich, ihn selbst herzustellen. Du wirst erstaunt darüber sein, wie lecker dir diese Kombination aus Selbstgemachtem schmecken wird.

Bei der Kreation von Aufstrichen ist der Fantasie keine Grenzen gesetzt. Darum findest du im Folgenden nicht nur glutenfreie, herzhafte Aufstriche, sondern auch zahlreiche süße Aufstriche für Naschkatzen.

Apfel-Brombeer-Aufstrich mit Lavendelblüten

Fertig in: 25 Min

Portionen: 5 Gläser

Nährwerte: Energie 19 kcal; Eiweiß 0 g; Fett 0 g; Kohlenhydrate 4 g

Zutaten:

- 250 g Gelierzucker
- 450 g Äpfel
- 400 g Brombeere
- 1 TL getrocknete Lavendelblüten

Zubereitung:

1. Gläser (für insgesamt 900 ml Aufstrich) mit kochendem Wasser ausspülen und dann kopfüber abtropfen lassen.
2. Brombeeren verlesen und große Beeren halbieren. Äpfel abschälen, vierteln und entkernen. Dann die Viertel der Länge nach in Hälften und dann quer in Scheiben schneiden.
3. 750 g der Brombeeren und Äpfel zusammen mit dem Gelierzucker in einem großen Topf vermischen. Bei starker Hitze aufkochen und für mindestens 3 Min kochen lassen, dabei ständig umrühren.
4. Die Lavendelblüten unter die Masse heben und nochmal kurz zum Kochen bringen. Dann gleich in die Gläser füllen, diese verschließen und kopfüber für 5 Min stehen lassen. Dann die Gläser umdrehen und abkühlen lassen.
5. So ist der Aufstrich für ca. 6 Monate haltbar.

Lebkuchen-Creme

Fertig in: 10 Min

Portionen: 5

Nährwerte: Energie 110 kcal; Eiweiß 1 g; Fett 9 g; Kohlenhydrate 5 g

Zutaten:

- 100 ml Schlagsahne
- 50 g Zartbitterschokolade
- 4 TL Lebkuchengewürz

Zubereitung:

1. Sahne und Schokolade in einem Topf erhitzen und unter ständigem Rühren zum Schmelzen bringen.
2. Nun das Lebkuchengewürz hinzufügen und bei mittlerer Hitze für circa 1 Min umrühren, sodass eine cremige Masse entsteht. Dann in ein Glas umfüllen.

Gebrannte Mandelcreme

Fertig in: 10 Min

Portionen: 5

Nährwerte: Energie 113 kcal; Eiweiß 3 g; Fett 9 g; Kohlenhydrate 5 g

Zutaten:

- 2 TL Rapsöl
- 1 TL Zimt
- 2 EL gemahlene Mandeln
- 2 EL Mandelkerne
- 1 TL Kokosöl
- 1 EL Puderzucker aus Rohrohrzucker
- 1 Msp. Vanillepulver

Zubereitung:

1. Mandelkerne kleinhacken.
2. Pfanne ohne Öl erhitzen und Mandelkerne, Puderzucker sowie gemahlene Mandeln hineingeben. Für 3-5 Min bei mittlerer Hitze anrösten, dabei ständig rühren.
3. Dann Vanillepulver und Zimt dazugeben und für 1 Min weiterrösten.
4. Die beiden Öle dazugeben und alles gut miteinander vermischen. Kurz mit einem Stabmixer etwas pürieren.
5. Die gebrannte Mandelcreme ein wenig abkühlen lassen und in ein Glas geben.

Kirschmarmelade mit Chiasamen

Fertig in: 25 Min

Portionen: 6

Nährwerte: Energie 75 kcal; Eiweiß 1 g; Fett 1 g; Kohlenhydrate 14 g

Zutaten:

- 2 EL Honig
- 2 EL Chiasamen
- 450 g Kirschen

Zubereitung:

1. Die Kirschen halbieren. In einen Topf geben und ca. 5 Min bei mittlerer Hitze kochen lassen, dabei immer wieder umrühren.
2. Nun die Kirschen zu einem Püree zerstampfen und für 10 Min bei kleiner Hitze köcheln lassen.
3. Den Topf vom Herd nehmen und Honig und Chiasamen zu der Kirschenmarmelade mischen.
4. Gründlich abkühlen lassen und in ein Schraubglas füllen.

Holunder-Brombeer-Gelee

Fertig in: 6 Std

Portionen: 3 Gläser

Nährwerte (je Glas): Energie 25 kcal; Eiweiß 0 g; Fett 0 g; Kohlenhydrate 6 g

Zutaten:

- 500 g Gelierzucker 3:1
- 600 g Holunderbeeren
- 1400 g Brombeeren
- ½ Zitrone

Zubereitung:

1. Die Beeren mit 150 ml Wasser in einen Topf geben. Abdecken und langsam aufkochen. Für etwa 30 Min köcheln lassen, hin und wieder umrühren.
2. Ein feines Sieb mit einem sauberen Küchentuch auskleiden und über einen Kochtopf hängen. Die Beerenmasse in das Sieb füllen und für etwa 5-6 Std abtropfen lassen.
3. 3 Schraubgläser mit kochendem Wasser ausspülen und kopfüber auf ein Küchentuch stellen.
4. 1,2 l des abgetropften Saftes zusammen mit dem Gelierzucker in einen Topf geben und aufkochen. Dabei ständig umrühren. 4-6 Min sprudelnd kochen lassen.
5. Den Schaum, der beim Kochen aufsteigt, mit einer Schaumkelle entfernen.
6. Saft der Zitrone auspressen und 2 EL davon zur Geleemasse mischen. Nochmal 30 Sek kochen.
7. Die Flüssigkeit sofort in die vorbereiteten Gläser füllen und fest verschließen. Für 5 Min kopfüber stehen lassen, dann wieder aufrecht hinstellen.
8. Dunkel gelagert hält es etwa 1 Jahr.

Brombeerkonfitüre mit Cassis

Fertig in: 2 Std 30 Min

Portionen: 75

Nährwerte: Energie 10 kcal; Eiweiß 0 g; Fett 0 g; Kohlenhydrate 2 g

Zutaten:

- 100 ml Schwarzer Johannisbeersaft
- 100 g Honig
- 1 kg Brombeere
- 1 Zitrone
- 1 TL Agar-Agar

Zubereitung:

1. Brombeeren und Honig in einen Topf geben. Die Beeren ein wenig andrücken und für 2 Std ziehen lassen.
2. Saft der Zitrone und zusammen mit dem schwarzen Johannisbeersaft zu den Brombeeren geben und aufkochen.
3. Dann Agar-Agar einrühren und für 4 Min kochen lassen, es sollte sprudeln.
4. Gläser gründlich ausspülen und die Konfitüre hineingeben. Fest verschließen und für etwa 10 Min auf den Kopf stellen, dann wieder umdrehen und komplett auskühlen lassen.

Bitterorangenmarmelade

Fertig in: 1 Std 45 Min

Portionen: 60

Nährwerte: Energie 15 kcal; Eiweiß 0 g; Fett 0 g; Kohlenhydrate 3 g

Zutaten:

- 150 g Honig
- 1 ½ kg Bio-Bitterorangen
- 1 ½ TL Agar-Agar

Zubereitung:

1. Orangen heiß abwaschen und trockenreiben. Mit einem Sparschäle abschälen und die Schale fein in Streifen schneiden. Die Orangen quer in Hälften schneiden und mit einem Tuch ausdrücken. Den Saft in einem Topf auffangen. Die ausgedrückten Reise in ein Tuch binden und dieses in den Topf hängen lassen. Dazu die Enden am Griff befestigen.
2. 800 ml Wasser mit in den Topf geben und die Schalenstreifen dazugeben. Zum Kochen bringen und immer wieder umrühren. Circa 30 Min köcheln lassen – solange, bis die Schalen weich sind.
3. Herd abstellen und das Tuch herausnehmen. Die Schalenreste abkühlen lassen.
4. Nun Agar-Agar und Honig hinzufügen, gründlich vermischen und für 2 Min kochen lassen. Immer wieder umrühren. Wenn Schaum entsteht, diesen abschöpfen.
5. Marmeladengläser mit heißem Wasser ausspülen und die Orangenmarmelade hineingeben. Die Gläser gleich verschließen. Während die Gläser abkühlen, diese hin und wieder drehen. Dadurch verteilen sich die Schalen gleichmäßig darin.

Cashew-Paprika-Aufstrich

Fertig in: 20 Min

Portionen: 6

Nährwerte: Energie 120 kcal; Eiweiß 3 g; Fett 10 g; Kohlenhydrate 6 g

Zutaten:

- 80 g Cashewkerne
- 2 große rote Paprika
- 2 EL Rapsöl
- Oregano
- Paprikagewürz
- Salz
- Pfeffer
- Kräuter (nach Belieben)

Zubereitung:

1. Paprika klein würfeln.
2. In einer Pfanne Rapsöl erhitzen und Paprika hineingeben. Bei mittlerer Hitze anbraten. Sobald die Paprika weich wird, Cashewkerne hinzufügen und kurz mitbraten. Dabei hin und wieder umrühren. Sobald die Paprika braun wird, vom Herd nehmen und abkühlen lassen.
3. Dann in eine Küchenmaschine füllen, großzügig mit den Gewürzen würzen und zu einer feinen Masse pürieren. Je nach Wunsch noch mit Kräutern verfeinern.

Thunfischaufstrich

Fertig in: 10 Min

Portionen: 4

Nährwerte: Energie 95 kcal; Eiweiß 7 g; Fett 6 g; Kohlenhydrate 3 g

Zutaten:

- 1 Avocado
- 100 g gekochte Kichererbsen
- ½ Zwiebel
- 120 g Thunfisch im eigenen Saft
- ½ TL Meersalz
- Schnittlauch

Zubereitung:

1. Alle Zutaten in einen Mixer geben und zu einer glatten Masse pürieren.
2. Den Aufstrich auf ein Gebäck streichen und mit Schnittlauchröllchen garnieren.

Auberginen Aufstrich marokkanischer Art

Fertig in: 40 Min (Zubereitung 10 Min)

Portionen: 10

Nährwerte: Energie 48 kcal; Eiweiß 1 g; Fett 2 g; Kohlenhydrate 4 g

Zutaten:

- 2 große Tomaten
- 2 große Auberginen
- 2 TL Petersilie
- 2 TL Basilikum
- 1 TL Kreuzkümmel
- ½ TL Paprikapulver edelsüß
- 2 EL Olivenöl
- 1 Prise Salz
- 1 Prise Pfeffer

Zubereitung:

1. Den Backofen auf 200 °C vorheizen.
2. Auberginen mithilfe einer Gabel an mehreren Stellen anstechen. Auf ein Backblech geben und für etwa 30 Min in den Backofen geben. Die Auberginen sollten weich sein und beginnen einzufallen. Dann abkühlen lassen.
3. Inzwischen Tomaten vierteln, die Samen entfernen und in etwas kochendes Wasser geben. Für circa 20 Min kochen, dann das Wasser abgießen und die Schale der Tomaten entfernen.
4. Die Haut der abgekühlten Auberginen abziehen und die Auberginen in einem Sieb abtropfen lassen, dann klein schneiden. Nun gründlich ausdrücken, um so viel Flüssigkeit wie möglich zu entfernen.
5. Dann alle Zutaten in einen Mixer geben und zu einer feinen Masse pürieren. Mit den Gewürzen abschmecken.

Avocado-Aufstrich

Fertig in: 10 Min

Portionen: 2

Nährwerte: Energie 122 kcal; Eiweiß 1 g; Fett 11 g; Kohlenhydrate 4 g

Zutaten:

- 1 Avocado
- 2 EL Zitronensaft
- ½ TL Salz
- Etwas Pfeffer

Zubereitung:

1. Saft der Zitrone auspressen. Fruchtfleisch der Avocado klein in Stücke schneiden.
2. Avocado und 2 EL Zitronensaft mithilfe einer Gabel zerdrücken und salzen und pfeffern.

Liptauer

Fertig in: 1 Std 10 Min (Zubereitung 10 Min)

Portionen: 10

Nährwerte: Energie 46 kcal; Eiweiß 4 g; Fett 2 g; Kohlenhydrate 2 g

Zutaten:

- 40 g weiche Butter
- 60 g Essiggurken
- 40 g rote Paprika
- 250 g Quark
- 50 g Sauerrahm
- 2 TL Ketchup
- 1 TL Dijonsenf
- 1 ½ TL Paprikapulver edelsüß
- Salz
- Pfeffer

Zubereitung:

1. Die Butter schaumig rühren und dann nach und nach Sauerrahm und Quark dazugeben. Nun Paprikapulver, Ketchup, Senf, Salz und Pfeffer untermischen.
2. Essiggurken und Paprika kleinwürfeln und zu der Masse geben.
3. Vor dem Servieren zum Durchziehen für mindestens 1 Std in den Kühlschrank stellen.

Feuer-Aufstrich

Fertig in: 5 Min

Portionen: 8

Nährwerte: Energie 124 kcal; Eiweiß 10 g; Fett 8 g; Kohlenhydrate 2 g

Zutaten:

- 3 Knoblauchzehen
- 200 g Hüttenkäse
- 200 g Frischkäse light
- 250 g Magerquark
- 2 TL getrocknete Peperoncini
- 1 TL Kräutersalz

Zubereitung:

1. Knoblauch in ein hohes Gefäß pressen und Hüttenkäse, Frischkäse und Quark dazugeben. Peperoncini kleinhacken und zusammen mit dem Kräutersalz dazugeben.
2. Mithilfe des Pürierstabs zu einer lockeren Creme pürieren.

Veganer Schoko-Haselnuss-Aufstrich

Fertig in: 10 Min

Portionen: 6

Nährwerte: Energie 140 kcal; Eiweiß 3 g; Fett 10 g; Kohlenhydrate 7 g

Zutaten:

- 15 g Kakaopulver
- 120 ml Pflanzenmilch
- 90 g Haselnüsse
- 2 EL Agavendicksaft
- 1 TL Vanilleextrakt
- 1 EL Kokosöl
- 1 Prise Salz

Zubereitung:

Haselnüsse in einem Mixer zerkleinern. Nun die übrigen Zutaten hinzufügen und zu einer cremigen Masse pürieren.

Ananas-Ingwer-Konfitüre

Fertig in: 1 Std

Portionen: 60

Nährwerte: Energie 45 kcal; Eiweiß 0 g; Fett 0 g; Kohlenhydrate 11 g

Zutaten:

- 500 ml Zitronensaft
- 2 Birnen
- 1 Ananas
- 1 Vanilleschote
- 500 g Rohrohr-Gelierzucker 2:1
- 5 g Ingwer

Zubereitung:

1. Das Fruchtfleisch der Ananas in kleine Würfel schneiden. Birnen abschälen und ebenfalls klein würfeln. Die Gesamtmenge der Früchte wiegen, dann in einem Topf mit dem Zitronensaft vermischen.
2. Das halbe Gewicht der Früchte an Gelierzucker dazugeben (also bei 1 kg Früchte 500 g Gelierzucker).
3. Ingwer abschälen und fein in den Topf reiben. Vanilleschote aufschlitzen und ebenfalls dazugeben. Für circa 15 Min ziehen lassen.
4. Zum Kochen bringen und für etwa 4 Min sprudelnd kochen lassen, dabei ständig umrühren.
5. Nun die Vanilleschote herausnehmen und die Konfitüre in vorbereitete Gläser geben, gleich verschließen und auskühlen lassen.

Vegetarisch

Selbstverständlich dürfen in einem Kochbuch auch vegetarische Gerichte nicht fehlen. Denn auch wenn man sich nicht vegetarisch ernährt, wird dennoch empfohlen, mehrmals die Woche auf Fleisch und Wurst zu verzichten. Wenn du die folgenden Seiten durchblätterst, wirst du allerdings schnell bemerken, dass dies gar kein Verzicht ist. Denn vegetarische Gerichte sind nicht nur sehr vielfältig, sondern auch sehr schmackhaft, und lassen sich leicht in die glutenfreie Ernährung integrieren.

Topinambur-Omelett auf spanische Art

Fertig in: 35 Min

Portionen: 2

Nährwerte: Energie 373 kcal; Eiweiß 24 g; Fett 26 g; Kohlenhydrate 10 g

Zutaten:

- 150 g Champignons
- 300 g Topinambur
- 100 ml Gemüsebrühe
- 5 Eier
- 1 Zwiebel
- 2 EL Butter
- 1 Handvoll Kräuter (z.B. Schnittlauch und Petersilie)
- Salz
- Pfeffer

Zubereitung:

1. Topinambur abschälen und dünn in Scheiben schneiden. Zwiebel abschälen und fein in Würfel schneiden. Geputzte Champignons in Scheiben schneiden.
2. In einer Pfanne 1 EL der Butter schmelzen. Zwiebel und Topinambur hineingeben und bei mittlerer Hitze anbraten. Mit Salz und Pfeffer würzen und mit der Gemüsebrühe ablöschen. Abdecken und etwa 10 Min dünsten lassen, dann Deckel entfernen und warten, bis die Flüssigkeit verdampft ist.
3. Die übrige Butter sowie die Champignons mit in die Pfanne geben und anbraten.
4. Kräuter kleinhacken. Mit den Eiern verquirlen und salzen und pfeffern. Über dem Gemüse verteilen und 2-3 Min stocken lassen.
5. Nun das Omelett wenden und nochmal für 2-3 Min von der anderen Seite braten bis es fertig ist.

Asia-Rührei mit Sojasprossen

Fertig in: 20 Min

Portionen: 2

Nährwerte: Energie 200 kcal; Eiweiß 15 g; Fett 12 g; Kohlenhydrate 7 g

Zutaten:

- 3 Eier
- 20 Ingwer
- 100 g Sprossen
- ½ Limette
- ½ Stange Zitronengras
- ½ rote Chilischote
- ½ Bund Frühlingszwiebeln
- 3 EL Kokosmilch
- Salz

Zubereitung:

1. Abgeschälten Ingwer kleinhacken. Frühlingszwiebeln fein in Ringe schneiden. Chilischote entkernen und kleinhacken. Die äußeren harten Blätter vom Zitronengras entfernen und den Wurzelansatz abschneiden. Etwa die unteren 5 cm von der Stange kleinhacken.
2. Kokosmilch und Eier miteinander verquirlen. Salzen. Dann Zitronengras, Chili, Frühlingszwiebeln und Ingwer unterrühren.
3. Eine beschichtete Pfanne erhitzen und die Eimasse hineingeben. Bei kleiner Hitze stocken lassen. Mithilfe eines Pfannenwenders mehrmals vom Rand zur Mitte der Pfanne ziehen.
4. Sprossen in einem Sieb abwaschen und abtropfen lassen. Limette in Stücke oder Spalten schneiden.
5. Das fertige Rührei mit den Limettenspalten und Sprossen anrichten.

Süßer Hirseauflauf mit Clementinen

Fertig in: 1 Std 30 Min

Portionen: 4

Nährwerte: Energie 420 kcal; Eiweiß 20 g; Fett 15 g; Kohlenhydrate 49 g

Zutaten:

- 3 Eier
- 150 g Goldhirse
- 380 ml Haferdrink
- 300 g Quark
- 2 Mandarinen
- ½ Bio-Zitrone
- 1 Vanilleschote
- 2 EL gehobelte Mandeln
- 1 EL Butter
- 2 EL Rohrohrzucker
- ½ TL Zimtpulver
- 1 Prise Salz

1. **Zubereitung:**
2. Mark der Vanilleschote auskratzen. Zitrone mit heißem Wasser abwaschen, trockentupfen und die Schale abreiben. Den Zitronensaft auspressen.
3. In einem Topf Haferdrink, Zucker, Zimt, Vanillemark und Hirse zum Kochen bringen und bei mittlerer Hitze für 7-10 Min köcheln lassen. Immer wieder umrühren. Dann vom Herd nehmen und für 10 Min quellen lassen.
4. Inzwischen Mandarinenabschälen und dick in Scheiben schneiden. Die Eier trennen. Eiweiße und 1 Prise Salz steif zu Eischnee schlagen.
5. Eigelbe, Quark, Zitronensaft und Zitronenabrieb vermischen und zur Hirsemasse mischen. Dann den Eischnee unterheben.
6. Auflaufform (30 x 20 cm) mit Butter ausstreichen. Dann die Quark-Hirse-Masse hineingeben und glatt streichen. Die Mandarinen darauf verteilen.
7. Backofen auf 180 °C Ober-/ Unterhitze (Umluft 160 °C; Gas: Stufe 2-3) vorheizen und den Auflauf darin für 40-50 Min backen.
8. Vor dem Servieren mit den gehobelten Mandeln garnieren.

Pellkartoffeln mit Quark-Kräuter-Dip

Fertig in: 15 Min

Portionen: 4

Nährwerte: Energie 147 kcal; Eiweiß 16 g; Fett 6 g; Kohlenhydrate 5 g

Zutaten:

- 500 g Quark
- 1 Knoblauchzehe
- 2 Frühlingszwiebeln
- 2 Handvoll gemischte Kräuter (z.B. Schnittlauch, Petersilie, Kerbel)
- 1 Spritzer Zitronensaft
- Salz
- Pfeffer

Zubereitung:

1. Frühlingszwiebeln fein in Ringe schneiden. Knoblauch kleinhacken. Blätter der Kräuter abzupfen und kleinhacken.
2. Frühlingszwiebeln, Knoblauch und Kräuter zum Quark mischen und mit Salz, Pfeffer und Zitronensaft abschmecken.
3. Schmeckt hervorragend zu Pellkartoffeln.

Gegrillte Thai-Früchte mit Zitronengrasspießen

Fertig in: 30 Min

Portionen: 4

Nährwerte: Energie 58 kcal; Eiweiß 1 g; Fett 0 g; Kohlenhydrate 11 g

Zutaten:

- 4 Stangen Zitronengras
- 200 g Papaya
- 100 g Ananas
- 100 g Karambole
- 1 Bio-Limette
- 8 Physalis
- 15 g Ingwer
- 1 EL flüssiger Honig

Zubereitung:

1. Die Stangen vom Zitronengras längs halbieren. Abgeschälten Ingwer fein reiben. Limette mit heißem Wasser abwaschen, trocknen und mithilfe eines Zestenreißers dünne Streifen der Schale abziehen. Dann den Saft der Limette auspressen. Physalis aus den Hüllen lösen. Karambole in Scheiben schneiden. Ananas und Papaya in mundgerechte Stücke schneiden.
2. Ingwer, Honig und Limettensaft miteinander vermischen.
3. Backpapier auf ein Backblech legen. Die Früchte abwechselnd auf die vorbereiteten Zitronengrasspieße stecken und mit der Honig-Limetten-Mischung bestreichen. Auf dem Backblech verteilen.
4. Backofengrill vorheizen und die Fruchtspieße darin für 5-8 Min grillen und dabei einmal umdrehen. Die Kanten der Früchte sollten hellbraun sein.
5. Mit den Streifen der Limettenschale garnieren.

Brokkoli Nuggets

Fertig in: 35 Min

Portionen: 20 Stück

Nährwerte: Energie 68 kcal; Eiweiß 4 g; Fett 2 g; Kohlenhydrate 8 g

Zutaten:

- 50 g Zwiebel
- 1 Brokkoli
- 1 Ei
- 120 g Cheddar-Käse
- 180 g glutenfreie Semmelbrösel
- 1 EL frischer Rosmarin
- 1 EL Korianderblatt
- Salz
- Pfeffer

Zubereitung:

1. Etwas Wasser in einem Topf zum Kochen bringen. Den Brokkoli in Röschen teilen und in den Topf geben. Für etwa 3 Min garen, dann abgießen und abtropfen lassen.
2. Brokkoli, Semmelbrösel, Zwiebeln, Rosmarin, Koriander, Ei, Käse und eine Prise Salz und Pfeffer in einen Mixer geben und pürieren.
3. Backblech mit Backpapier auslegen. Den Teig zu etwa 20 kleinen Nuggets formen und auf dem Backblech verteilen.
4. Backofen auf 200 °C Ober-/ Unterhitze (Umluft 180 °C; Gas: Stufe 3) vorheizen und die Nuggets darin für etwa 18-24 Min backen – solange, bis sie leicht braun sind.

Chipotle-Kürbis Bratlinge

Fertig in: 45 Min

Portionen: 7 Stück

Nährwerte: Energie 234 kcal; Eiweiß 7 g; Fett 12 g; Kohlenhydrate 25 g

Zutaten:

- 1 Avocado
- 250 g Kichererbsen (Dose)
- 125 g glutenfreies Mehl
- 1 Knoblauchzehe
- 50 g Erdnusskern
- 250 g Kürbispüree
- 1 Ei
- 30 g Frühlingszwiebeln
- 1 EL geschrotete Leinsamen
- 1 TL Limettenschale
- 1 EL Zitronensaft
- 1 EL Kokosöl
- ½ TL Paprikagewürz
- ½ EL Chipotle-Chilischote
- Paprikapulver
- Salz
- Pfeffer

Zubereitung:

1. Frühlingszwiebeln kleinhacken. Mit Kichererbsen, Knoblauch, Leinsamen, Kürbispüree, Zitronensaft, Paprikagewürz, Chipotle und 1 Prise Salz und Pfeffer in einen Mixer geben und zu einer feinen Masse pürieren.
2. Dann die Masse in eine Schüssel umfüllen und Limettenschale dazugeben. Nun Mehl und Ei untermischen.
3. Bei mittlerer Hitze Kokosöl in einer Pfanne erhitzen. Kürbisausstecher hineingeben und Teig hineinfüllen. Den Teig glattstreichen und die Ausstecher entfernen. Der Teig sollte für 7 Bratlinge reichen.
4. Beidseitig für ein paar Minuten anbraten, bis die Bratlinge eine goldbraune Farbe haben.
5. Das Fruchtfleisch der Avocado in eine Schüssel geben und mit einer Gabel zerdrücken. Mit Paprikapulver, Salz und Pfeffer abschmecken und zu den Bratlingen servieren.

Quinoasalat

Fertig in: 1 Std

Portionen: 4

Nährwerte: Energie 409 kcal; Eiweiß 15 g; Fett 16 g; Kohlenhydrate 50 g

Zutaten:

- 1 Salatgurke
- 1 Mango
- 200 g Quinoa
- 3 Tomaten
- 150 g Feldsalat
- 1 rote Paprikaschote
- 150 g Feta
- 1 rote Zwiebel
- 2 Stiele Minze
- 1 EL Apfelessig
- 1 EL Olivenöl
- Salz
- Pfeffer

1. **Zubereitung:**
2. Quinoa mit der doppelten Menge an Wasser in einen Topf geben. Aufkochen und für circa 10 Min bei kleiner Hitze kochen lassen.
3. Inzwischen Fruchtfleisch der Mango würfeln. Paprikaschote, Tomaten und Gurke kleinschneiden. Zwiebel kleinhacken. Feldsalat verlesen. Blätter der Minze abzupfen und in Streifen schneiden. Feta in Würfel schneiden.
4. Fertigen Quinoa abgießen und abtropfen lassen. In einer Schüssel mit Feldsalat, Paprika, Tomaten, Mango, Gurke, Feta, Minze und Zwiebel vermischen.
5. Mit Apfelessig, Olivenöl, Salz und Pfeffer abschmecken.

Pilzsalat mit Feta, Zucchini und Knoblauch

Fertig in: 40 Min

Portionen: 4

Nährwerte: Energie 258 kcal; Eiweiß 17 g; Fett 18 g; Kohlenhydrate 7 g

Zutaten:

- 200 g Feta
- 2 Zucchini
- 3 Frühlingszwiebeln
- 3 rote Knoblauchzehen
- 600 g gemischte frische Pilze (Steinpilze, Champignons, Pfifferlinge)
- 1 Schalotte
- 1 Bund Schnittlauch
- 2 EL weißer Balsamessig
- 2 EL Olivenöl
- Salz
- Pfeffer

Zubereitung:

1. Die geputzten Pilze in Stücke oder Scheiben schneiden. Zucchini halbieren und dann in Scheiben schneiden. Zwiebel und Knoblauch in kleine Würfel schneiden. Schnittlauch in Röllchen schneiden. Frühlingszwiebeln in Ringe schneiden.
2. Öl in einer Pfanne erhitzen und die Pilze hineingeben. Unter schwenken für 3-4 Min andünsten. Dann Frühlingszwiebeln, Knoblauch, Zwiebel und Zucchini hineingeben und für kurze Zeit mitbraten. Ein wenig abkühlen lassen.
3. Inzwischen Schnittlauch, Essig, Salz und Pfeffer vermischen. Feta würfeln. Beides zum Salat mischen und servieren, solange er noch lauwarm ist.

Eintopf mit verschiedenem Gemüse

Fertig in: 50 Min

Portionen: 4

Nährwerte: Energie 126 kcal; Eiweiß 8 g; Fett 7 g; Kohlenhydrate 7 g

Zutaten:

- 50 g Parmesan
- 1 Lorbeerblatt
- 100 g Champignons
- 100 g Zucchini
- 100 g Knollensellerie
- 200 g Wirsing
- 1 l Gemüsebrühe
- 2 Tomaten
- 2 Zweige Oregano
- ½ Bund Petersilie
- 1 Bund Basilikum
- 2 Knoblauchzehen
- 100 g Karotten
- 1 Zwiebel
- 1 EL Olivenöl
- Salz
- Pfeffer

Zubereitung:

1. Knoblauch und Zwiebel kleinhacken. Abgeschälte Karotte und die Zucchini dünn in Scheiben schneiden. Sellerie in kleine Würfel schneiden. Wirsing breit in Streifen schneiden. Die geputzten Pilze feinblättrig schneiden. Kräuter kleinhacken. Die Tomaten mit heißem Wasser überbrühen und dann kalt abschrecken. Nun die Haut abziehen und die Tomaten in kleine Würfel schneiden.
2. In einem Topf Öl erhitzen und Knoblauch und Zwiebel hineingeben. Andünsten und dann mit der Brühe ablöschen und das Lorbeerblatt hineingeben. Sellerie und Karotten hinzufügen, abdecken und für 5 Min dünsten. Nun Pilze und Wirsing hinzufügen und für 4 Min köcheln lassen. Dann Zucchini und Tomaten dazugeben und weitere 3 Min köcheln lassen.
3. Den Eintopf mit Salz und Pfeffer abschmecken. Den Parmesan reiben und den Eintopf damit und mit den Kräutern garnieren.

Canelloni aus Auberginen und Tofu

Fertig in: 1 Std 5 Min (Zubereitung 20 Min)

Portionen: 4

Nährwerte: Energie 265 kcal; Eiweiß 14 g; Fett 20 g; Kohlenhydrate 7 g

Zutaten:

- 100 g Feta
- 300 g Seidentofu
- 2 große Auberginen
- 400 g Kirschtomaten
- 3 Eigelbe
- 4 EL Haferdrink
- 2 EL Olivenöl
- 1 EL gehackter Oregano
- Salz
- Pfeffer

Zubereitung:

1. Auberginen der Länge nach dünn in Scheiben schneiden. Olivenöl auf die Scheiben pinseln.
2. Die Auberginenscheiben portionsweise in eine Grillpfanne geben und beidseitig anbraten – solange, bis sie ein Grillmuster haben. Dann salzen und pfeffern.
3. 12 breite Auberginenscheiben nebeneinander auf der Arbeitsfläche auslegen. Die übrigen Scheiben in kleine Würfel schneiden.
4. Feta und Tofu in Würfel schneiden. Zusammen mit dem Haferdrink in einen Standmixer geben und zu einer Creme pürieren. Dann Oregano, Auberginenwürfel und Eigelbe zu der Masse rühren und salzen und pfeffern.
5. Die Tofumasse auf die Auberginenscheiben streichen und die Scheiben dann einrollen. Nebeneinander in eine Auflaufform geben. Kirschtomaten darauf verteilen.
6. Backofen auf 200 °C Ober-/ Unterhitze (Umluft 180 °C; Gas: Stufe 3) vorheizen und die Auberginenröllchen darin für etwa 30 Min garen.

Linsen-Kartoffel-Zucchini-Salat mit Joghurt-Feta-Dressing

Fertig in: 1 Std 15 Min (Zubereitung 20 Min)

Portionen: 4

Nährwerte: Energie 502 kcal; Eiweiß 33 g; Fett 8 g; Kohlenhydrate 72 g

Zutaten:

- 600 g vorwiegend festkochende Kartoffeln
- 75 g Feta
- 150 g Joghurt
- 1 große Zwiebel
- 1 Zucchini
- 265 g braune Linsen (Dose)
- 1 rote Paprikaschote
- 1 Handvoll Petersilie
- 4 EL Weißweinessig
- 1 TL Vollrohrzucker
- Salz
- Pfeffer

Zubereitung:

1. Salzwasser zum Kochen bringen und die Kartoffeln darin für etwa 25 Min kochen bis sie gar sind. Dann abgießen und ausdampfen lassen.
2. Linsen abtropfen lassen. Zucchini in Viertel und dann in Stücke von 1 cm Dicke schneiden. Paprika in Streifen schneiden. Zwiebel in kleine Würfel schneiden. Petersilie kleinhacken. Feta zerbröseln.
3. Feta, Essig, Zucker, Joghurt, Salz und Pfeffer vermischen.
4. Die Kartoffeln pellen und in Scheiben schneiden. In eine Schüssel geben und mit Paprika, Zucchini, Linsen, Petersilie und Zwiebel vermischen. Das Dressing dazugeben und gründlich durchmischen. Für mindestens 30 Min ziehen lassen. Vor dem Servieren mit den Gewürzen abschmecken.

Vegan

Auch vegane Gerichte werden immer beliebter. Genauso wie bei der vegetarischen Ernährung bleibt es jedem selbst überlassen, sich ausschließlich vegan zu ernähren. Doch hin und wieder ein veganes Gericht in seinen Speiseplan einzubauen, bringt nicht nur Abwechslung und zahlreiche Vitamine und Nährstoffe, sondern auch ein gutes Gewissen. Der Glaube, dass vegan bedeutet, einfach nur Salatblätter essen zu dürfen, ist zum Glück schon lange überholt. Du kannst dich selbst davon überzeugen, wenn du einen Blick auf die nächsten Seiten wirfst. Genauso wie bei den anderen Gerichten, ist es auch bei der veganen Ernährung kein Problem, auf Gluten zu verzichten – überzeug dich selbst davon!

Mandel-Milchreis

Fertig in: 55 Min

Portionen: 4

Nährwerte: Energie 180 kcal; Eiweiß 10 g; Fett 7 g; Kohlenhydrate 20 g

Zutaten:

- 250 g Milchreis
- 700 ml Mandeldrink
- 1 Zimtstange
- ½ Zitrone
- 30 g Mandelblättchen
- 2 EL Reissirup
- 1 Msp. Vanillepulver
- Gemahlener Zimt

Zubereitung:

1. Mandelmilch in einen Topf geben und zum Kochen bringen. Dann die Zimtstange hineingeben.
2. Zitrone mit heißem Wasser abwaschen und dünn die Schale abschneiden. Mit in den Topf geben und außerdem Vanillepulver, Reissirup und Reis dazugeben. Für 35-40 Min bei kleiner Hitze ausquellen lassen. Hin und wieder umrühren.
3. Mit Zimt und Mandelblättchen garnieren.

Gefüllte Avocado mit Erdbeer-Salsa

Fertig in: 25 Min

Portionen: 4

Nährwerte: Energie 299 kcal; Eiweiß 4 g; Fett 20 g; Kohlenhydrate 25 g

Zutaten:

- 1 Mango
- 2 Frühlingszwiebeln
- 300 g Erdbeeren
- 1 Zitrone
- 4 kleine Avocados
- 2 Stiele Minze
- 1 TL Honig
- 2 EL Himbeeressig
- Pfeffer

Zubereitung:

1. Erdbeeren kleinschneiden. Frühlingszwiebeln schräg in Ringe schneiden. Fruchtfleisch der Mango in kleine Würfel schneiden. Die Hälfte von der Minze kleinhacken. Saft der Zitrone auspressen.
2. Avocados in Hälften schneiden und den Kern entfernen. Die Hälfte des Zitronensaftes auf die Schnittflächen und den Hohlraum pinseln.
3. Den übrigen Zitronensaft mit gehackter Minze, Honig, Essig und Pfeffer vermischen. Dann Mango, Frühlingszwiebeln und Erdbeeren dazugeben und gut durchmischen.
4. Nun die Erdbeer-Salsa auf den Avocadohälften verteilen. Mit der übrigen Minze garnieren.

Süßkartoffel-Toast mit Roter Bete und Hummus

Fertig in: 20 Min

Portionen: 2

Nährwerte: Energie 415 kcal; Eiweiß 13 g; Fett 13 g; Kohlenhydrate 61 g

Zutaten:

- 300 g Süßkartoffeln
- 40 g Babyspinat
- 200 g Kichererbsen
- 1 kleine Knoblauchzehe
- 1 kleine Rote Bete Knolle
- 1 Spritzer Zitronensaft
- 1 EL Tahini
- 1 EL Olivenöl
- 1 TL Schwarzkümmel
- ½ TL rosenscharfes Paprikapulver
- ½ TL gemahlener Kreuzkümmel
- Salz
- Pfeffer

Zubereitung:

1. Abgeschälte Süßkartoffel in 4-6 Scheiben schneiden.
2. Backofen auf 200 °C Ober-/ Unterhitze (Umluft 180 °C; Gas: Stufe 3) vorheizen. Die Scheiben auf ein Backblech geben und für 8-10 Min im Backofen backen.
3. Währenddessen für den Hummus Kichererbsen abtropfen lassen. 150 g der Kichererbsen, abgeschälten Knoblauch, Tahini, Öl, Kreuzkümmel, Zitronensaft, 2 EL Wasser und Paprikapulver mithilfe von einem Stabmixer zu einer feinen Masse pürieren. Salzen und pfeffern.
4. Rote Bete abschälen und kleinraspeln.
5. Süßkartoffeln aus dem Backofen nehmen und mit dem Hummus bestreichen. Dann Spinat und Rote Bete darauf verteilen. Mit Schwarzkümmel garnieren.

Mango-Spinat-Gemüse mit Frühlingszwiebeln und Amaranth-Pops

Fertig in: 40 Min

Portionen: 4

Nährwerte: Energie 240 kcal; Eiweiß 8 g; Fett 10 g; Kohlenhydrate 27 g

Zutaten:

- 2 Mangos
- 750 g junger Blattspinat
- 2 Bund Frühlingszwiebeln
- 20 g Amaranth-Pops
- 30 g Sonnenblumenkerne
- 30 g Ingwer
- 2 EL Keimöl
- Salz
- Cayennepfeffer

Zubereitung:

1. Spinat putzen. Frühlingszwiebeln in Stücke von 2 cm Breite schneiden. Fruchtfleisch der Mango in Würfel von 1 cm Größe schneiden.
2. In einem Topf 1 EL Öl erhitzen und die Frühlingszwiebeln hineingeben. Abdecken und für 5 Min bei mittlerer Hitze dünsten. Dann den Spinat dazugeben und abgedeckt weitere 5 Min dünsten.
3. Währenddessen abgeschälten Ingwer kleinreiben und den Saft auffangen.
4. Ingwer, Ingwersaft und Mangowürfel zum Spinat geben. Abdecken und für 3 Min bei mittlerer Hitze dünsten.
5. In einer beschichteten Pfanne das übrige Öl erhitzen und die Sonnenblumenkerne für 3-4 Min bei kleiner Hitze anrösten. Dann die Amaranth-Pops hineingeben. Mit Cayennepfeffer würzen.
6. Mango-Spinat-Gemüse salzen und auf einer Platte anrichten. Mit Amaranth-Pops und Sonnenblumenkernen garnieren.

Gemüse-Carpaccio mit Limetten-Vinaigrette

Fertig in: 15 Min

Portionen: 1

Nährwerte: Energie 148 kcal; Eiweiß 6 g; Fett 4 g; Kohlenhydrate 21 g

Zutaten:

- 150 g Kohlrabi
- 100 g Karotten
- 50 g Zuckerschoten
- ½ Limette
- 3 Stiele Basilikum
- 1 Prise Vollrohrzucker
- ½ TL Olivenöl
- Salz
- Pfeffer

Zubereitung:

1. Salzwasser in einem Topf zum Kochen bringen.
2. Karotten und Kohlrabi abschälen. Beides mit einem Gemüsehobel dünn in Scheiben hobeln. Zuckerschoten putzen, wenn nötig entfädeln. Große Schoten in Hälften schneiden.
3. Zuckerschoten, Kohlrabi und Karotte in das Salzwasser geben und für 2-3 Min blanchieren. Dann mit kaltem Wasser abspülen und abtropfen lassen.
4. Saft der Limette auspressen. Mit Zucker, Salz und Pfeffer vermischen, dann das Öl unterschlagen.
5. Basilikumblätter abzupfen und in Streifen schneiden.
6. Das Gemüse auf einem Teller anrichten. Mit dem Limetten-Vinaigrette beträufeln und mit Basilikum garnieren.

Radieschen-Süßkartoffel-Pfanne mit Granatapfelkernen

Fertig in: 30 Min

Portionen: 4

Nährwerte: Energie 272 kcal; Eiweiß 4 g; Fett 4 g; Kohlenhydrate 52 g

Zutaten:

- ½ Granatapfel
- 1 Limette
- 1 Bund Radieschen
- 800 g Süßkartoffeln
- 20 g Ingwer
- 1 Bund Koriandergrün
- 1 EL Sesamöl
- ¼ TL gemahlener Koriander
- ¼ TL gemahlener Kreuzkümmel
- Salz
- Pfeffer

Zubereitung:

1. Süßkartoffeln abschälen und in Würfel von 1-1,5 cm Größe schneiden. Abgeschälten Ingwer kleinhacken. Radieschen in Scheiben schneiden.
2. In einer großen beschichteten Pfanne Öl erhitzen und Ingwer hineingeben. Bei mittlerer Hitze für 1-2 Min andünsten. Dann Süßkartoffeln dazugeben und für 7-8 Min dünsten. Koriander und Kreuzkümmel hineingeben und für 2 Min dünsten. Nun die Radieschen zugeben und nochmal für 2-3 Min dünsten.
3. Währenddessen Saft der Limette auspressen. Kerne aus dem Granatapfel lösen. Korianderblätter abzupfen.
4. Die Süßkartoffeln mit dem Limettensaft ablöschen. Salzen und pfeffern. Mit Koriander und Granatapfelkernen garnieren.

Schwarzwurzel-Risotto

Fertig in: 1 Std

Portionen: 4

Nährwerte: Energie 507 kcal; Eiweiß 9 g; Fett 11 g; Kohlenhydrate 82 g

Zutaten:

- 400 g Schwarzwurzel
- 800 ml Gemüsebrühe
- 200 ml veganer Weißwein
- 350 g Risottoreis
- 150 g Knollensellerie
- 2 Knoblauchzehen
- 1 Zwiebel
- 1 Granatapfel
- 2 Zweige Rosmarin
- 2 EL Hefeflocken
- 4 EL Olivenöl
- 1 EL Vollrohrzucker
- 3 EL Zitronensaft
- Salz
- Pfeffer

Zubereitung:

1. Schwarzwurzeln abschälen und in eine Schüssel mit Wasser und 2 EL Zitronensaft legen. Dann kleinschneiden und gleich wieder in die Schüssel mit dem Zitronenwasser legen.
2. 1 l Salzwasser aufkochen und den übrigen Zitronensaft hineingeben. Schwarzwurzeln abgießen und in das kochende Wasser geben. Bei mittlerer Hitze für 10 Min kochen und dann abgießen.
3. Sellerie, Knoblauch und Zwiebel klein würfeln.
4. In einem Öl 2 EL Öl erhitzen und Zwiebel, Knoblauch und Sellerie sowie den Reis hineingeben. Bei mittlerer Hitze für 3-4 Min anbraten. Die halbe Menge der Schwarzwurzeln hineingeben und mit ein wenig Brühe und dem Weißwein ablöschen.
5. Immer wieder umrühren und die Flüssigkeit etwas verkochen lassen, immer wieder etwas Brühe dazugeben. Solange wiederholen, bis der Reis gar ist – das dauert etwa 25 Min. Dann mit Salz, Pfeffer und Hefeflocken abschmecken.
6. Währenddessen die Kerne aus dem Granatapfel lösen. Nadeln vom Rosmarin abzupfen.
7. In einer Pfanne das übrige Öl erhitzen und die restlichen Schwarzwurzeln bei mittlerer Hitze für 5-7 Min anbraten. Vollrohrzucker darauf verteilen und karamellisieren lassen.
8. Das Schwarzwurzel-Risotto mit den karamellisierten Schwarzwurzeln auf Tellern verteilen und mit Rosmarin und den Granatapfelkernen garnieren.

Chicorée vom Grill mit Feigen und Rucola

Fertig in: 40 Min

Portionen: 4

Nährwerte: Energie 267 kcal; Eiweiß 5 g; Fett 20 g; Kohlenhydrate 14 g

Zutaten:

- 5 reife Feigen
- 2 rote Chicorée
- 2 gelbe Chicorée
- 2 Bund Rucola
- 2 EL gehobelte Mandelkerne
- 2 EL weißer Balsamessig
- 6 EL Olivenöl
- Salz
- Pfeffer

Zubereitung:

1. Backofengrill vorheizen. Backblech mit Backpapier auslegen.
2. Chicorée der Länge nach in Hälften schneiden. Die Chicoréehälften mit der Schnittfläche nach oben auf dem Backblech verteilen und 2 EL Olivenöl darauf träufeln. Mit Salz und Pfeffer würzen und für 5-8 Min in den Grill geben.
3. Inzwischen die Feigen der Länge nach in Viertel schneiden. Rucola verlesen.
4. Essig mit dem übrigen Olivenöl, Salz und Pfeffer vermischen.
5. Rucola auf Tellern anrichten und Feigen sowie je 2 Chicoréehälften darauf verteilen. Mit Mandelblättchen garnieren und der Vinaigrette beträufeln.

Kräuter-Tofu mit Tomaten

Fertig in: 55 Min

Portionen: 4

Nährwerte: Energie 270 kcal; Eiweiß 24 g; Fett 16 g; Kohlenhydrate 7 g

Zutaten:

- 400 g Kirschtomaten
- 600 g Tofu
- 1 Stiel Basilikum
- 1 EL Zitronensaft
- 3 EL Olivenöl
- Salz
- Pfeffer

Zubereitung:

1. Basilikumblätter kleinhacken. Tofu in Würfel schneiden.
2. 2 EL Öl und Basilikum zum Tofu mischen, abdecken und für 30 Min in den Kühlschrank stellen.
3. Tomaten in Hälften schneiden. In einer Pfanne das übrige Öl erhitzen und die Tomaten andünsten. Mit dem Zitronensaft ablöschen. Für 2-3 Min bei kleiner Hitze schmoren lassen.
4. In einer weiteren Pfanne Tofu für 3-4 Min braten bis er eine goldbraune Farbe hat.
5. Tofu sowie Basilikumöl zu den Tomaten geben und mit Salz und Pfeffer würzen.

Couscoussalat mit Tomaten

Fertig in: 30 Min

Portionen: 6

Nährwerte: Energie 308 kcal; Eiweiß 9 g; Fett 8 g; Kohlenhydrate 50 g

Zutaten:

- 400 g Couscous
- 3 Knoblauchzehen
- 4 Tomaten
- 1 Bund Minze
- ½ Bund Frühlingszwiebeln
- 3 EL Weißweinessig
- 4 EL Olivenöl
- 1 TL gemahlener Koriander
- Salz
- Pfeffer

Zubereitung:

1. Couscous laut Packungsanweisung zubereiten.
2. Währenddessen Tomaten in Hälften schneiden, die Kerne entfernen und in kleine Würfel schneiden. Frühlingszwiebeln fein in Ringe schneiden. Knoblauch kleinhacken. Das Gemüse vermischen und mit Salz, Pfeffer und Koriander würzen. Dann 100 ml heißes Wasser, Essig und Öl dazugeben.
3. 3- Minze fein in Streifen schneiden. Couscous, Gemüse sowie die Minze miteinander vermischen.

Senf-Zitronen-Tofu mit Gurkengemüse

Fertig in: 2 Std 30 Min (Zubereitung 30 Min)

Portionen: 4

Nährwerte: Energie 275 kcal; Eiweiß 26 g; Fett 14 g; Kohlenhydrate 10 g

Zutaten:

- 200 g Rucola
- 250 g Cocktailtomaten
- 1 Salatgurke
- 600 g Tofu
- 1 Bio-Zitrone
- 2 EL Olivenöl
- 1 EL mittelscharfer Senf
- Muskatnuss
- Salz
- Pfeffer

Zubereitung:

1. Zitrone mit heißem Wasser waschen und trocknen, dann die Schale abreiben. Saft der Zitrone auspressen. Den Tofu in Scheiben schneiden.
2. 4 EL Zitronensaft, 1 TL Salz, Pfeffer und Senf vermischen. Die Marinade auf dem Tofu verteilen und für mindestens 2 Std in den Kühlschrank stellen.
3. Gurke abschälen, in Hälften schneiden und dann in Stücke von 1 cm Dicke schneiden. Tomaten in Hälften schneiden.
4. In einer Pfanne 1 EL Öl erhitzen. Die Gurkenstücke hineingeben und für 2 Min bei mittlerer Hitze andünsten. Mit Salz und Pfeffer würzen und dann nochmals für etwa 3 Min dünsten. Nun Tomaten und Rucola hinzufügen und weitere 3 Min dünsten.
5. Mit Muskat, dem übrigen Zitronensaft, Salz und Pfeffer abschmecken.
6. Den marinierten Tofu trockentupfen. In einer Pfanne das übrige Öl erhitzen und den Tofu hineingeben. Für 3-5 Min bei starker Hitze beidseitig anbraten, bis er eine goldbraune Farbe hat.
7. Das Gemüse auf Tellern verteilen und den Tofu darauf anrichten. Zuletzt mit der Zitronenschale garnieren.

Ofenkartoffeln mit Zitrone und Rosmarin

Fertig in: 45 Min (Zubereitung 15 Min)

Portionen: 4

Nährwerte: Energie 282 kcal; Eiweiß 5 g; Fett 10 g; Kohlenhydrate 40 g

Zutaten:

- 2 Bio-Zitronen
- 1 kg festkochende Kartoffeln
- 1 Zweig Rosmarin
- 4 EL Olivenöl
- Salz
- Pfeffer

Zubereitung:

1. Abgeschälte Kartoffeln in Spalten schneiden. Zitronen in Viertel schneiden. Rosmarin abzupfen.
2. In einer Auflaufform Zitronen, Olivenöl und Kartoffeln vermischen. Salzen und pfeffern.
3. Backofen auf 200 °C Ober-/ Unterhitze (Umluft 180 °C; Gas: Stufe 3) vorheizen und die Kartoffeln darin für circa 30 Min backen. Immer mal wieder wenden.

Haftungsausschluss

Urheberrecht

Impressum

2021

1. Auflage

Kontakt: Wlad Winkler,49610 Quakenbrück Artlandstr.25

Printed in Poland
by Amazon Fulfillment
Poland Sp. z o.o., Wrocław

29728561R00114